퍼블리싱
광　　고
마 케 팅

PUBLISHING

ADVERTISING

MARKETING

다른 출판사는
책 광고를
어떻게 할까?

흔들의자 지음

흔들의자

이경식

카피라이터, 광고대행사 코마콤 대표(전)
광고를 가르쳐 주신 분

마케팅의 중요성은 알겠는데 광고할 돈이 없다고?
그렇다면 이 책을 보시라!

하이브리드

퍼블리싱 애드버타이징 마케팅이라니!
출판과 광고와 마케팅을 책 한 권에 담는다고?
10년전 영어로 비빔밥을 만들더니 이번엔 또 무슨 꿍꿍이람?
제목으로만 보자면 흔들의자에 앉아 편안하게 읽은 내용은 아니려니 했다
책을 펼치는 순간 나의 선입견은 산산조각이 났다.
흔들의자 대신 나도 모르게 다리를 떨었다.

이 책은 연역이 아니라 귀납이다.
이론이 아니라 실천이며, 경험의 체화다.
서점관리자나 도서관 직원 골치 아프게 생겼다.
경제 경영 코너에 놓기도 뭐하고,
디자인? 커뮤니케이션? 마케팅? 자기계발? 에세이?
이 모든 걸 섞되 형용사와 부사를 제거해버리고
본질로 직진했으니 이 맛을 어떻게 표현해야 할지 모르겠다.
어느 종편 경연프로그램의 심사평을 빌리자면
'이것도 아니고 저것도 아니고 경계선에 있지만,
이것도 할 수 있고 저것도 할 수 있고 모든 걸 다 갖추고 있다'
땀 흘리지 않고 일확천금을 꿈꾸는 불한당(不汗黨)만 아니라면,
이 책에서 얻을 건 너무나 많다.

인연

추천사는 대게 사회 저명인사에게 부탁하기 마련이다.
책의 권위를 높여주는 측면도 있고,
유명인사의 이름을 빌려 한 권이라도 더 팔고자 하는
출판사의 속내도 있을 것이다.
그런데 왜 나 같은 무명인에게 부탁했을까?
아무리 생각해도 인연밖에 없다.
35년 전 저자와 나는 충무로에서 광고디자이너와 카피라이터로 만났다.
세상의 광고는 다 말아 먹겠다고 호기를 부린 적도 있다.
파산은 고통스러운 일이었지만 서로에게 새로운 길을 가게 해주었다.
그리고 10년 전 강남 교보문고에서 우연히 만나 사우(師友)가 되었다.
불가에는 겁(劫)이라는 시간 단위가 있다.
1,000년에 한 번 떨어지는 물이 집채만 한 바위를 뚫어 없애거나,
100년에 한 번 내려오는 선녀가
옷자락으로 사방 40리 바위를 닳아 없애는 시간이다.
하루길 동행은 2,000겁에 한 번이요,
부부인연은 8,000겁, 스승의 인연은 10,000겁에 한 번이라고 한다.
인연은 오는 게 아니라 관계 맺음이다.
출판의 핵심은 저자.
출판 10년 만에 40여 권의 책을 내면서 그 많은 저자를 어떻게 만났을까?
궁금하시면 이 책을 읽어 보시길!

광고 마케팅

흔들의자 책들은 하나같이 독자의 시선을 끈다.
책 제목은 상품 브랜드와 같은 것.
저자의 브랜딩 기법은 컨셉이 명확해 바로 머릿속을 파고든다.
이 책에 나오는 40여 권의 책들을 일일이 언급할 수 없지만,
우선 하나만 이야기하겠다.
'뻥'
2,500년동안 인류에게 영감을 주었던 수많은 명언이 다 뻥이라니!
창작 명언을 새로 만들겠다는 당당함과 자신감은 어디서 나오는 걸까?
바닥을 쳐 본 사람만이 할 수 있는 반전이다.

제일기획 시절, 광고는 '자본주의의 꽃'이라는 이야기를 수없이 들었다.
저자가 피워낸 수백 편의 책 광고를 보니 이제서야 그 의미를 알겠다.
마케팅. 어렵게 이야기할 거 없다.
거칠게 이야기하면 일종의 소매치기다.
전문 소매치기는 남의 주머니 슬쩍하는 것이지만,
출판사는 책과 맞바꾸는 것이다.

시장경제에서 마케팅은 필수다.
기업뿐만 아니라 국가, 지자체, 정치인,
스포츠, 대학교, 종교, 병원, 시민단체도.
하다못해 조그마한 음식점도 마케팅에 열을 올린다.

'산나물에 인생을 걸었다'
'우동의 맛은 국물에 있다'
'꽁보리밥의 맛은 된장에 있다'

마케팅의 중요성은 알겠는데 광고할 돈이 없다고?
그렇다면 이 책을 보시라!
개인독립만세다.

유지수

아나운서, 98.1mhz CBS라디오 '유지수의 해피송' 진행
'팝의 위로' & '아나운서 절대로 하지마라' 저자

1인출판사라는 한계를 경험치로 날려버린 흔들의자

몇 해 전 무료한 가을 오후, 초록창 아래 재미난 포스팅이 눈에 띄었다.
'도전 나도 카피라이터−이행시 짓기'
두 번의 클릭, 그리고 시작된 흔들의자와의 우정.
말(言)을 품고 글이라는 바다에 빠져 두 권의 책을 함께 만들었다.

흔들의자는 초보 저자에게 저술의 AtoZ를 알려주고
응원과 격려를 아끼지 않았다.
나날이 안부를 묻고 저자의 방송에 찐애청자로 등장하며
책의 탄생부터 완성까지 제작자이자 치어리더 역할을 완벽히 해냈다.
어떻게 이런 일이 가능할까.
그가 만들어가는 출판은 판화처럼 찍어내는 방식이 아닌
터치 하나하나로 작품을 완성해가는 점묘화에 가깝기 때문이다.

1인출판사라는 한계를 경험치로 날려버린 흔들의자.
상상 이상의 깔끔하고 세련된 북 디자인과
호기심을 일으키는 홍보 덕에 미숙한 글이
소담한 하나의 작품으로 거듭났다.

가진 것, 이룬 것이 없는 소심한 중견 아나운서에게
빛바랜 가능성을 다시 뜯어보고
잠든 열정을 흔들어 깨운 흔들의자.
덕분에 북콘서트, 북토크, 사인회 등
다양한 활동으로 운신의 폭이 넓어졌다.

그의 최선을 실천하는 태도와
어려움을 딛고 다시 피어난 삶은
긍정의 효용을 알려주었고
어제보다는 오늘이,
오늘보다는 내일이 찬란하리라는 걸 증명했다.

이제 당신이 그의 손을 잡길 바란다.
'좋은 책은 좋은 사람을 만나게 한다'는 흔들의자의 신비를 믿어보자.
책 한 권에 녹아든 그의 노하우를 빠짐없이 흡수하자.

현실의 결핍은 생존 동력이 되기도 한다

'왜 출판사를 처음 시작하는 분들을 위한 책은 많은데
출판업에 초보거나 출간 실적이 별로 없는 분들에게 귀띔해주는 책은 없을까?'
'책도 상품인데 왜 광고를 하지 않을까?'
'돈 들이지 않고 마케팅하는 방법은 없는 걸까?'
'영업과 마케팅의 다른 점은 무엇일까?'
'출판이 어렵다곤 하나 정말 어렵기만 한 것일까?'

결론부터 말씀드리면 작은 출판사는 자금과 조직력이 부족하기에
책 광고를 많이 만들어야 하며 영업보다는 마케팅에 집중해야 한다.
영업이 1:1이라면 마케팅은 1:10,000으로 정리할 수 있으니까!

다 아는 얘기지만 출판사 차리기는 쉽다. 인터넷에 다 있고 관련 서적도 많다.
수백만 명이 가입된 카페에서 정보를 구할 수도 있다.
문제는 출판사를 차리는 게 아니라 그 이후의 일이다.
책을 1~2종 출간했다고 치자. 저자가 끊이지 않으면 문제없지만
저자가 이어지지 않고, 책 판매도 시원치 않다면 폐업도 고려할 것이다.
처음의 마음이야 첫 책으로 대박을 쳐서 그럴싸한 출판사를 갖고
멋지게 사는 꿈을 꾸지만 그게 생각처럼 쉬운가!

ISBN도 모르고 출판을 시작했다.
딸내미 대학 보내려고 출판사를 차렸고 10년이 되었다.
광고인 출신이라 책 만드는 거나 인쇄물(광고, 카탈로그, 전단 따위) 만드는 거나
기본적 경로(기획-편집-인쇄)는 같으니 그 부분 접근은 어렵지 않았다.
서점에 배포하는 것은 알아보면 되지 않겠나 싶었다.

나 또한 첫 책이 대박 날 줄 알았다. 고등학생이 영어책을 쓴다는 것은
그때도 지금도 없으니까. 제품(책)의 차별화도 있고 하니까!

　　　이 책의 주요 내용은
　　－ 저자를 만나게 되는 여러 가지 경로
　　－ 돈 들이지 않고 책 광고 하는 법과 프로모션 방법
　　－ 기교보다는 기본에 충실한 광고로 제품을 알리는 법
　　－ 시리즈 광고를 만드는 방법과 헤드라인 쓰는 법
　　－ 네이버 책방을 이용하는 방법 등으로 '광고 자료집'이라고도 볼 수 있다.

'살아야 한다'는 마음만큼 강한 것은 없다.
무한경쟁시대, 책처럼 선의의 경쟁력을 갖춘 제품도 드물다.
한 번이라도 베스트셀러가 없던 해가 있었는가. 출판을 긍정으로 보라.
살다 보면 좋은 일만 일어나지 않는다. 사람은 사람으로 잊고 일은 일로 잊어라.
어떤 마음가짐으로 어떻게 실행하느냐에 따라 달라지는 게 결과다.
인생은 살아 내는 것이다. '나를 다 쓰고 죽자'는 마음이면 못할 것도 없다.
'빨리 터진 잭팟은 언제나 자신을 향한 비수다'가 주는 뜻은 곱씹을 만하다.
현실의 결핍은 생존 동력이 되며 세월 지나감이 유일한 희망일 때가 있다.
출판이든 인생이든 쉽기만 하다면 재미없지 않겠는가!

모쪼록 출판을 시작한 지 얼마 되지 않은 분이나 작은 출판사를 운영하는 분께
한 번 읽고 책장에 꽂아 두었다가 버림을 받는 책이 아니라
언제든 아이디어가 필요할 때마다 꺼내 볼 수 있는 책이 되었으면 하는 바람이며,
격려와 응원의 뜻으로 추천사를 써 주신 이경식 사장님과 유지수 아나운서님께
특별한 감사를, 오랜 시간 묵묵히 지켜봐 준 사랑하는 가족에게 미안한 마음과
고마운 마음을 함께 드린다.

Anybody can do what I do
흔들의자

CONTENTS

Chapter 2 네이버는 멍석이다

Chapter 3 광고에 정답은 없다

Chapter 4 좋은 책을 만드는 것은 선행이다

이 책을 효과적으로 이용하는 방법입니다.
한 번 읽고 책장에 꽂아두는 책이 아니라 생각이 막힐 때마다 언제든 꺼내
바로바로 응용할 수 있는 '아이디어 소스 북'으로 활용하셔도 좋습니다.

처음 읽을 때

1) 우선으로 책이 만들어진 상황을 봅니다.
    (저자가 어떻게 만나지는지, 네이버 책방을 어떻게 이용할 것인지, 광고나 프로모션 방법,
    광고 헤드라인 쓰는 법, 해시태그 다는 법 등등 잡지책 보듯 가볍게 읽어도 좋습니다.)

그다음 읽거나 언제든 꺼내 볼 때

2) 도서마다 광고(주로 헤드라인)를 보고 시리즈 광고의 흐름을 알아채세요.
3) 기출간 된 도서(또는 출간 예정이거나 일반 상업제품)에 책에 있는 헤드라인을 응용해
    새로운 헤드라인으로 광고를 만들어 봅니다.

[권장사항]
홍보용 jpg나 광고제작을 위해서 기본적인 그래픽 툴을 다룰 줄 알면 더 유리합니다.
포토샵, 인디자인을 이용하는 기초적 기술(초급_그림에 문자 넣는 정도 + 누끼)이면 충분합니다.
그래픽 툴을 다루는 방법은 유튜브에 다 나와 있습니다.

방향성을 잃지 않고 정진한다는 것

이렇다 할 히트작 없이 연 매출 1억을 넘기는데 9년.

37종을 출간했지만 보통은 500부 정도, 1,000부 내외 팔린 책 8종,

2,000부 이상 팔린 책은 4종에 불과했다.(10년 차 미 포함)

혹자는 출판업을 10년 했는데 '이제 겨우 매출 1억이야!' 할 수도 있지만

근래 3~4년 동안 발간된 도서가 전체 출간의 70%가 되는 것이

출판의 가능성을 준다.

'방향성을 잃지 말고 정진하라'는 뜻으로 받아 드리면 좋을 것이다.

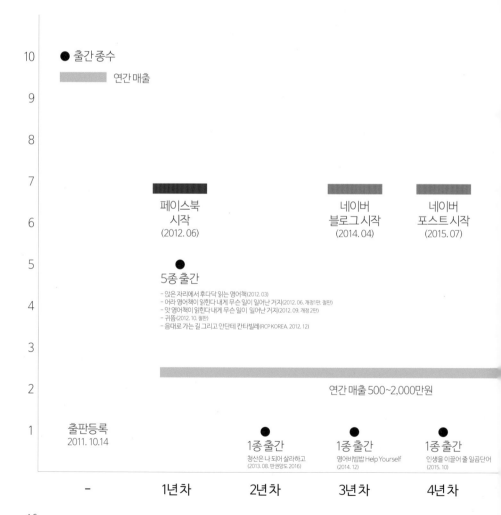

가장 개인적인 것이 가장 창의적인 것이다

"The most personal is the most creative."
제92회 아카데미 시상식에서 '기생충'으로
각본상, 국제 영화상, 감독상, 최우수 작품상을 받은
봉준호 감독의 수상 소감에 있는 이 말은
마틴 스코세이지 감독의 책 속 문장을 인용한 것이다.
'가장 개인적인 것이 가장 창의적이라는 거.'
출판과 영화, 업종은 다르지만
이 책이 지향하는 모토와 같아 모셔온 말씀이다.

10종 출간

연간 매출 1억원 돌파
- 누군가 내 마음을 몰라줘도 (2020.02)
- 100년 만의 세계경제 붕괴 위기와 리플혁명 (2020.02)
- 하루하루 시작(2020.04)
- 지난간다 다 지나간다 (2020.07)
- 나주최씨 문헌 총서(2020.08)
- 아나운서 절대로 하지마라(2020.09)
- 마음아 괜찮나(2020.10)
- 아하나도 줌ZOOM 마스터(2020.11)
- 글 쓰는 뇌(2020.11)
- 나의 삶과 디자인 작품, 그리고 인연 (2020.12)

10종 내외
- 지나간다 다 지나간다 2(2021.01)
- 최신 미국 이민법 미국비자 총람 (2021.02)
- 더 늦기 전에 돈 공부 좀 하시죠 (2021.02)
- 한의대로 가는 길(2021.03)
- 緣연_사랑은 시처럼 오지않는다 (2021.05)
- 67년생, 바람의 기억(2021.07)
- 퍼블리싱 광고 마케팅(2021.09)
- 미래를 바꾸는 말 한마디 (2021.10.예정)

터닝 포인트
[도전! 나도 카피라이터]
네이버 책문화 X 이벤트
연재 시리즈 완결
(2017.01~2018.03)

7종 출간

연간 매출 6,000만 대
- 편지 왔읍니다(2019.02)
- 하지마라 하지 말라면 하지 좀 마라(2019.03)
- 틀려도 좋아 영어 그게 시작이야(2019.06)
- 밥의 위로(2019.09)
- 10대를 위한 완벽한 성징형 공부법(2019.10)
- 내일은 더 잘될 거예요(2019.11)
- 생각마법서(2019.12)

6종 출간

연간 매출 4,000만 대
- 어느 피아니스트의 서시 그리고 음대로 가는 길(2018.01)
- 문화정책 문화행정(2018.03)
- 배싸메무초 걷기 100선(2018.03)
- 아니 거시기(2018.07)
- 실례 좀 하겠습니다(2018.11)
- 썰방별곡 문화유산 빅픽처 대발견(2018.11)

5종 출간

연간 매출 3,000만 대
- 명언 그거 다 뻥이야. 내가 겪어보기 전까지는 (2017.01)
- 꿈꾸는 카메라 (2017.15)
- 달에도 벙커가 있나요 (2017.06)
- 간호대로 가는 길 (2017.06)
- 그깟 행복 (2017.06)

1종 출간
변호사 없이 나 홀로 파산 신청 면책 해내기(2016.10.절판)

발간 누적 종수
2012(5종), 2013(6종), 2014(7종), 2015(8종), 2016(9종), 2017(14종), 2018(20종), 2019(27종), 2020(37종), 2021.9(45종)

5년차	6년차	7년차	8년차	9년차	10년차

Chapter 1

광고인이 출판을 하다

01 | 고등학생이 번역한 영어책
앗! 영어책이 읽힌다. 내게 무슨 일이 일어난 거지_안상희 역

출판을 시작한 지 10년이다.

간혹 직원도 없는 작은 출판사가 대박을 터트린 경우도

들리기는 했지만 그런 행운은 없었다.

다만 10년 동안 책을 만들다 보니

금전적 수익 이상의 가치와

나이 들어도 평생 현역으로 일할 수 있겠다는 느낌이다.

그 이유로 출판을 한다는 건 감사한 일이라 할 수 있다.

신의 한 수

"상희야, 나 한 번만 도와주라.

어젯밤, 자다가 떠오른 생각인데

네가 영어책을 써주면 다시 일할 수 있을 거 같아.

1인 출판사를 차려 아예 출간을 하는 거지"

촉觸이란 게 있다.

해보진 않았지만 '하면 될 거 같은' 예감의 스침!

페이스북에 시리즈로 연재된 책 광고. 표지 일러스트는 중·고교 동창인 신춘성 화백의 작품이다

ISBN이 뭐죠?

몰랐다. 계산대에서 '찍~' 하고 바코드 스캔할 때 쓰는 검은 선,

작은 13자리 숫자에 정보가 담겨 있다는 걸,

사람으로 치면 주민등록증.

판매용으로 만드는 책은 모두 ISBN을 받아야 한다는 걸.

책을 만들 줄은 알았다.

아니 광고를 오래 했으니 책을 만드는 것이

카탈로그나 브로슈어, 전단 만드는 것과 일련의 과정은

똑같을 거라는 생각이었다.

기획하고 편집해서 인쇄하면 책 아닌가.

정말 글이 읽힌다.
마법과 같은 영어책이다.
한 가지 이야기라면 읽기에 지루할 수 있는데
여러 성공 인물들의
짤막한 이야기들로 구성되어
읽기에 전혀 지루하지 않고,
시간나는 대로 조금씩 읽어도 되니
전혀 부담이 되지 않는다.

ID_eun YES24 독자서평 중에서

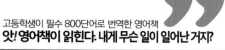

독자의 진심이 담긴 서평을 별도 편집하여

홍보용 광고로 쓰는 것은 쉬운 마케팅 방법이며,

신규 독자의 구매 욕구를 자극시켜

판매로 이어지는 좋은 요소가 된다.

출판이나 광고나 모두 제조업이다

홍보용 인쇄물 제작(신문광고, 잡지광고, 카탈로그, 브로슈어, 전단, POP 등)이나 출판물(책)의 공통분모는 '기획하고 편집해서 인쇄하면 끝!' 단순한 작업의 반복이다. 단지, 책 제작과 광고 제작이 다른 게 있다면 출판은 저자가 있고 제작 기간도 짧고 일반 상업 제품보다 시장 진입도 쉽고 주기도 빠르다는 것. 결정적으로 다른 것은 광고 제작은 광고주가 비용을 지급하는 것에 비해, 책은 저자에게 지급하는 인세와 인쇄비를 지불하고 판매를 통해 판매되는 수익으로 먹고사는 제조업이다. 새로운 것을 만드는 제조업이란 측면은 같지만, 수익창출 부문이 다르기에 출판을 한다는 것은 투자의 개념이 먼저다.

어떤 책이 손익분기점을 넘기는가

어떤 책을 만들어야 할지, 어떤 책이 시장에서 먹힐지 모르고

출판을 시작하는 사람이 많을 것이다.

제조업은 시장조사나 미래 소비자의 필요를

예측해서 제품을 출시하는 게 맞다.

고등학생이 쓴 영어책은 없었기에

나름대로 틈새는 있으려니, 큰 손해는 없을 거라는 느낌 정도였다.

10년 전보다 원고를 보는 시야가 좀 확장되었지만

출판사의 투자비용을 회수하는 측면에서 손익분기점(BEP)을 넘기는 책은

우선으로 실용서 임에 이의를 제기하는 출판인은 없을 것이다.

책 미리보기로 편집된 시리즈 광고.
출판 초기, 출간 종수가 적더라도
한 권의 책으로 여러 개를 만들어
어떻게든 노출시켜야 한다.

웬만한 정보는 인터넷에 다 있다

출판사는 많고 또 많이 생겨나고 있다.

1인 출판사나 처음 출판을 시작하는 사람을 위해
출판사 등록을 하는 거랄지, ISBN을 받는 거,
서지정보 만들고, 서점 MD와 첫 미팅 준비하기,
위탁이며 매절, 공급률을 얼마로 하고…
어느 분야에나 꼭 알아야 할 용어가 있기 마련,
적잖은 정보와 팁은 인터넷에 다 있다.
먼저 한 경험을 대가 없이 주고 알고 싶은 정보를
클릭 몇 번으로 알게 된다. 물론 자기의 경험을
책으로 내고자 하는 마음을 복선으로 깔고 포스
팅한 경우도 있지만 모두 시간과 정성, 돈이 투자
된 정보이니 감사한 마음으로 받고 자기 것으로
만들어야 한다.

광고는 어떻게 만드는 거지

출판을 하게 되면 '뭐부터 해야 하나' 하는 막막함이 있을 것이다. 나도 그랬다.

할 줄 아는 건 광고를 제작해 본 경험이 있어 책 광고를 만들기 시작했다.

하지만 광고를 전혀 만들어 보지 않은 사람이라면

'광고는 또 어떻게 만드는 거지' 하는 막연함까지 있을 것이다.

오랫동안 광고를 만들어 본 경험자로서 이 책을 보는 출판 관련 종사자나

광고인(광고를 처음 시작하거나, 광고인이 되고 싶은 예비 광고인 포함)에게

중요한 팁을 주자면 한마디면 된다.

'광고는 시리즈를 만드는 것이 좋다.' 그 감感을 먼저 알아야 한다.

그것을 알면 광고가 광고처럼 보이고 만들기도 어렵지 않다.

저자 없는 출판사가 무슨 의미가 있을까

출판사는 저자가 있어야 한다.

당연한 얘기지만 저자 없는 출판사는 존재의 의미가 없다고 볼 수 있다.

출판 경험이 없거나 출판업에 종사하다가 출판을 하게 된

(주로 마케팅 담당자, 편집자, 출판 영업을 하시던 분) 경우,

2~3종까지 예상대로 출간할 수 있지만

그 이후는 생각처럼 되지 않는 게 '저자의 부재' 때문이라 생각한다.

출판사 명색만 있고 더는 책이 출간되지 못하는 경우가 되는 것이다.

저자 없는 출판사는 앙꼬 없는 찐빵이 아니라

그냥 밀가루 반죽이라면 지나친 표현일까.

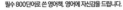

책 만드는 사람, 광고 만드는 사람은 크리에이터가 돼야 한다

CREATIVE;
형용사 1) 창의적인, 창조적인, 창작적인, 독창적인
형용사 2) …을 만들어 내는
명사) 창조적인 사람

세상에 같은 책은 없다. 똑같은 광고도 없다.

간혹 책 제목이 비슷하거나 광고 컨셉이 같을 수는

있지만 책도 제품도 똑같은 것은 세상에 없다.

바꿔 말하면 책이란 상품을 만드는 저자나 출판사,

상업 제품을 만드는 개인이나 기업체 모두 창조자

Creator이며 '크리에이터가 돼야 한다'는 뜻이다.

이제 본격적으로 출판광고와 마케팅, 저자가 어떻게

만나지는가에 관해 이야기 하려 한다.

피아니스트를 어떻게 만나 출간을 하게 되었을까.

《앗 영어책이 읽힌다. 내게 무슨 일이 일어난 거지》를 출간하고 페이스북을 시작했다.

돈 드는 것도 아니고 단지 누구에게라도 알리고 싶어

페이스북 개인 계정에 책 광고를 했다.

알지도 못하는 사람에게 친구 신청도 하고 무리하게 하다 보니

2주 동안 '친구 신청 금지'도 먹었지만 공유되는 글 중에 피아니스트가 있었다.

페친(페이스북 친구) 사이도 아니었다.

《음대로 가는 길》 출간 전 티저광고 시리즈

1차: 사랑하는 페친 여러분! 송구스럽습니다

2차: 모두 뿌리쳤었는데…

3차: 더 늦기 전에…

런칭광고: 축하해 주십시오.

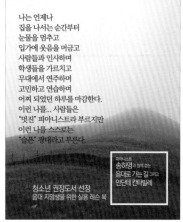

페이스북으로 저자가 만나지다

이 세상에 보장된 것은 아무것도 없으며

오직 기회만 있을 뿐이다는 말이 있는 것처럼,

어느 날, 송하영 씨의 개인 공연 포스터가 올라왔고 첫 번째로 댓글을 달았다.

협의 해볼 만한 제안을 가지고 그녀를 만났고 만난 지 30분도 되지 않아

책의 컨셉이며 출간 일정까지 결정되었다.

페이스북과
인터넷 포털 사이트
'다음' 카페에 시리즈로
연재된 책 광고

두 달이면 책은 만들어진다

누군가에게 부탁하거나 구함을 목적으로 할 때는 진심을 다하는 게 좋다.

더욱이 가진 게 없는 상황이라면….

"제 네이버 블로그에 음대 입시생을 위한 피아노 연주법을

연재한 게 있는데 그걸 책으로 내는 게 어떨까요."

출간 경험은 별로 없었지만 적어도 출간 일정을 정확히 제안할 수 있는

과거(광고회사를 운영했을 때)의 경험이 있었다.

"60일이면 될 거예요. 곧 추석이 다가 오니 연휴 때 글을 정리해 주시면 됩니다."

10월 초 새로 정리된 원고를 받고 편집을 시작, 59일 만에 출간된 책이 바로 이 책.

《피아니스트 송하영과 함께 걷는 음대로 가는 길 그리고 안단테 칸타빌레》

음대 지망생을 위한 실용 레슨 북이다.

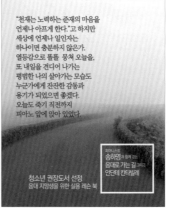

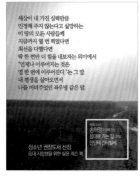

도서 홍보를 위해 좋은 방법은
책에 있는 글을 중심으로
미리보기를 만드는 것이
최선이고 좋은 방법이다.
오른쪽은 피아노 독주회 광고로
책에 있는 내용을 헤드라인으로
시리즈로 제작되었다.

티저광고를 만들기 시작하다

명색이 광고인 출신인데 뭐라도 달라야 한다는 생각은 지금도 유효하다.

다른 출판사와 차별화된 마케팅 전략일 수도 있다.

그것은 출간 전 티저광고를 만들어 저자에게 제시하는 것이다.

티저광고란 본디 "상품이나 상품명 혹은 광고 내용을 일시에 보여주지 않고

단계적으로 조금씩 보여주다가 일정한 시점에 도달하면 베일을 벗기는

광고 기법" 중의 하나다.

제품이나 제품의 특성 등을 보여주지 않고

단지 궁금증이나 호기심을 갖게 하는 것이 티저의 원칙이었으나

요즘은 처음부터 직접 제품명이나

제품의 미리 보기 형식을 띠고 보여 주는 것도 있다.

앞에 있는 '부케 시리즈 티저광고'는 책이 발간되기 전,

송하영 님 페이스북에 연재되었다.

어느 날, 부케 그림과 함께 페친 님께 '송구스럽다'는 궁서체 메시지가

시차를 두고 게재되었다. 결혼 축하의 댓글이 꼬리를 물고 달리기 시작했다.

예견된 상황이었고 그 순간을 즐기면 되는 거였다.

결국, 책을 출간하게 되었다는 런칭광고와 함께 깜짝 이벤트는 끝이 났다.

기억에 남는 댓글이 있는데 어느 페친이 이런 댓글을 달았다.

"꽃이 하나씩 올라올 때마다 두 사람씩 죽어 나갑니다."

광고에 하나의 메시지를 담아 시리즈로 만들다

세상에 용어는 끝도 없이 생겨난다.

광고업계도 별반 다르지 않아 전문용어는 계속 만들어지는데

그중에 '포지셔닝'이란 용어가 있다.

광고도 하나의 학문으로 자리 잡아 대학에서 광고학을 가르치는데

광고학 개론에 등장하는 용어이니 이는 광고를 만드는 한 잊어서는 안 되는

중요한 것이며 그에 관한 내용 또한 인터넷에 자세히 설명되어 있다.

간단히 '포지셔닝'이란 '어떤 제품이 소비자의 마음에 인식되고 있는 모습'이다.

이 시리즈 광고를 만들게 된 모티브는 도서관에서 주문이 오고부터였는데

그 당시 페북에 1년 동안 매일 [도서관을 이용하자]는 캠페인 광고를 하고 있었다.

☆ 가까운 도서관에서 이 책들을 빌려보세요. 빌려 보시든 사서 보시든 좋은 책입니다.

☆ 도서관에서 만나면 더 반가운 책입니다. 이 책이 없는 곳도 아직 많이 있습니다만…

☆ 도서관에 가시거든 이 책부터 찾아보세요. 바로 이 책이 있는지 없는 지…

☆ 가까운 공공도서관에 있습니다. 아직 없는 곳도 많은 게 아쉽기는 하지만…

☆ 도서관에서 찾아서 꼭 읽어 보세요. 사 보면 좋겠지만 안 되면 대여해서라도…

책 광고가 일반 제품광고와 다른 것이 있다면 책 광고는 기업 PR용 이미지 광고가 통하지 않는다는 것이다. 출판사 브랜드가 책 구매와 관련이 없다는 뜻으로 보면 된다. 물론 대형 출판사는 축적된 브랜드 이미지가 있어 해볼 만 하겠지만 작은 출판사는 그렇게까지 할 필요가 없다. 그냥 책 제목을 알리는데 충실하면 된다는 것을 경험으로 말해 주고 싶다.(모두 같은 그림에 헤드라인만 교체한 케이스로 이런 방법도 있다.)

추천도서를 받은 소식을 알리는 것도
홍보의 한 방법이다

☆ 칭찬이 많은 좋은 책입니다. 도서관 주문이 많습니다. 이 책이 있는 도서관 수가 점점 늘고 있습니다
☆ 칭찬이 많다는 건 그만큼 좋은 책이라는 것! 이 책을 비치하는 도서관이 전국적으로 늘고 있습니다
☆ 칭찬이 많은 좋은 책입니다. 도서관에 가시거든 이 책을 찾아보세요. 없으면 사서에게 주문하세요
☆ 500여 중·고등학교 도서관에 비치 중입니다. 물론 개인 소장도 점점 늘고 있습니다
☆ 전국의 중·고등학교 도서관에서 주문이 많습니다. 특히 대구지역, 강원지역 도서관에서
☆ 서울, 부산, 대구, 광주, 순천, 마산, 대전, 평택, 제주… 도서관이 있는 도시라면 이 책이 있습니다
☆ 국립도서관, 시립도서관, 대학도서관, 중·고등학교 도서관에 있습니다. 아직 없는 곳도 있습니다
☆ 전국의 1,000여 중·고등학교 도서관에 모두 비치되는 날이 오면 기쁜 마음으로 벙개하겠습니다

마케팅 목적을 달성하기 위한 행하는 프로모션

출간 후, 책을 알리기 위해 홍보용 광고를 진행하면서

빼놓을 수 없는 것이 프로모션이다.

이 또한 광고 용어이며 기본적으로 적든 많든 예산이 뒷받침돼야 한다.

출판사이긴 하지만 1년에 고작 한두 종 출간되는 꼴이니

프로모션이란 거창한 말까지 붙일 건 없지만

저자에게 출판 기념회나 사인회는 특별한 의미가 있게 하고

아름다운 추억으로 남기에 충분하다.

2012년 겨울. 교보문고에서 저자사인회 겸 강연회를 개최했다.

저자도 처음, 출판사도 처음, 출판기념회를 통해 내심 책을 좀 팔아 볼

요량도 있었지만 유명인이나 정치인이 아니면 기대를 하지 않는 것이 좋다.

출간부터 절판되기까지 모든 상황을 통틀어 섣부른 기대는 환상이다.

출간 기념회, 사인회 포스터

세상에 쓸모없는 경험은 없다

언제나 그렇듯 지금 아는 것을
그때도 알았으면 하는 기분이 들 때가 있다.
그때 '더 잘할 수도 있었을 텐데'라는 아쉬움과
'해서는 안 됐었는데' 라는 약간의 후회가 있는
이 경험은 입사 초기나 사업을 하는 초창기에
겪어 보는 것이 좋다.
모르니까 복기하면서 깨닫는 것이고
모르니까 비용을 치르면서 알게 되는 것이다.

不經一事 不長一智(불경일사 부장일지)
한 가지 일을 경험하지 않으면 하나의 지혜가 자라지 못한다.

1,000개의 시리즈를 만들다

마땅히 광고할 책도 없었을 때,

단순하게 흔들의자란 브랜드를 알리고자 했던 때의 한 예다.

'도서관을 이용하세요' 캠페인과 '책 읽는 나라, 책 읽는 국민' 캠페인.

2014년 갑오년甲午年 말의 해를 맞아 '인간답게 삽시다'란 컨셉으로

새 캠페인 시리즈를 연재했다.

거의 3년 동안 1,000개가 넘는 시리즈를 만들었는데

요즘으로 치면 인스타 감성이라 할까.

출간되는 책이 없어 그냥 뭐라도 해야 했던 시기,

지금 생각하면 부질없는 짓이었다.

명언을 먼저 찾고 그 의미에 맞는 그림을 찾아 맞추면 된다.
광고회사로 보면 회의를 통해 헤드라인이 결정되고 난 후,
그 헤드라인에 맞춘 비주얼 제작으로 생각하면 된다.

명언으로 시리즈를 만드는 연습도 좋다

시리즈 광고를 어떻게 만들어야 할까.
앞서 시리즈 광고를 만드는 감感을 가지라했는데
명언만큼 시리즈를 만들기 좋은 방법도 없다.
명언이 주는 의미를 생각하다 보면
글 속에 명언을 만든 사람의 마음과 경험이 보인다.
단지 포스팅만 할 게 아니라
그 뜻을 마음속에 다지는 것은 믿는 구석이 된다.

부질없는 짓도 하다 보면 아이디어가 나온다

무엇이든 꾸준히 하다 보면 진짜 바보가 아닌 이상 분명히 건지는 게 있다.

1,000개 넘는 시리즈를 연재하려면 그보다 서너 배가 넘는 명언을 먼저 골라야 한다.

이때만 해도 네이버 블로그를 이용하는 것을 몰랐던 때,

단지 페북에 포스팅하는 게 전부였다.

블로그가 있는 줄 알았지만 그 파워를 알지 못했던 때이다.

그저 담벼락에 좋아요 받은 개수, 그날 달린 댓글에 만족하는,

지나고 나면 별 쓸모없는 것들로 한심한 시간을 보냈다.

그때는 그것이 최고의 방법인 줄 알았을 만큼 무지했지만

모아 놓은 명언이 쓸모가 있을 줄은 그땐 몰랐다.

일정한 디자인 틀을
정한 다음,
글만 가지고도
포스팅 할 수도 있다.
같은 패턴을
수십 개 하다 보면
지루할 때가 있다.
이 책 뒷부분에
기본 칼라차트를 이용,
색깔이라도 변화를
주는 게 좋다.

저자가 없으면 저자가 되는 수밖에

결론부터 말하면 찾아오는 저자가 없으니 저자가 되는 수밖에 없었다.

이 방법은 이 책이 전하고 싶은 메시지 중 하나다.

1~2종 정도 출간했거나 2~3년 정도 출판을 했는데

저자가 없을 때는 직접 책을 내 보기를 권한다.

물론 책이 많이 팔리면 좋겠지마는 그런 경우는 기대하지 말고

단지 출판사의 명맥을 유지하는 차원으로 발간하길 바란다.

1년에 단 1종의 책이 발간되더라도 그렇게 하는 게 옳은 행동이라 본다.

마땅히 내야 할 책이 없다면 출간 경험담을 쓰든지 해서라도(더러 있지만 각자의

경험은 다르니까), 출판해서 '출간 공백의 해'를 만들지 않기를 권유한다.

신규 저자 유입의 측면에서 볼 때 매년 한 권의 책이라도 나오는

출판사로 보여야 하는 이유다.

포스팅의 처음이자
마지막은 꾸준함이다.
1년이든 3년이든
10년이든 포스팅은
멈추지 말아야 한다.

마냥 저자를 기다릴 수 없어서 책을 쓰다

영문학을 전공한 것도 아닌 사람이 문법책을 쓸 수 있을까?

동기는 이렇다. 30대 초반에 광고회사를 차려 번 돈으로 10년의 외국 생활을 했다.

40세가 되어 영어를 다시 공부한 경우로 꽤 많은 영문법 정리가 있었고,

명언으로 포스팅하다 보니 그동안 배운 영어를 명언과 적절히 섞으면 새로운 컨셉의

책은 만들어질 것 같았다. 나중에 알고 보니 이런 것을 '기획출판'의 한 부류라 했다.

티저광고로 관심을 갖게하다

새로운 비빔밥 등장! 아무리 먹어도 질리지 않습니다.

상식을 깬 새로운 비빔밥! 전국 300개 지점 동시 시식!!(300개는 서점 300곳이다)

2014년 11월, 며칠 동안 티저 시리즈는 페북에 연재되었다.

페친들은 비빔밥 체인점이 자기 동네에도 오픈하는 줄 궁금해했다.

그때 달린 댓글 중 기억나는 것이라면…

"이 비빔밥집, 우리 동네에도 들어오나요?"

제품이 가진 속성이나 이점을 헤드라인으로 쓰는 것이 좋다. 책이든 제품이든 그 상품이 가진 장점을 헤드라인으로 쓰는 것은 어려운 일이 아니다.

출간 2개월 만에 2쇄를 찍는 기분

무모할 수 있는 도전이었지만

8개월에 걸친 이 작업은 결국 끝을 보았다.

출간 2개월 만에 2쇄를 찍는 기분도 알게 되었다.

이 책이 기존의 영어책과 다른 차별성은

각 명언을 그래픽디자인으로 편집하고

기초회화와 인문적 내용까지 융합한 창작물이라는 것이다.

책이 나올 당시 '네이버 책방'(구. 네이버 책문화. 2021.5.4 변경. 이하 동일)을

알았더라면 하는 아쉬움이 많다.

304페이지 올컬러로 제작되었는데 11,800원.

책 가격을 잘 못 책정한 경우라 생각한다.

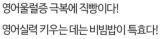
영어울렁증 극복에 직빵이다!
영어실력 키우는 데는 비빔밥이 특효다!

차별화를 위한 전략적 편집

영어책만큼 다양한 분야의 책이 또 있을까? 단순히 보면 문법, 회화, 영작문, 시험용 정도지만 나이에 따라 목적에 따라 더 세분된다.(유아, 초중고대, 비즈니스, 여행, 초급, 중급, 고급…) 독자에게 선택당하는 방법의 하나는 편집이다.
책이 예뻐서 사는 사람도 있으니까. 독자의 취향을 모두 맞출 수는 없지만 차별화를 위해 예쁘게 편집된 책을 만들어 볼 필요가 있다.

꿈은 이루어진다.
이루어질 가능성이 없었다면
애초에 자연이우리를 꿈꾸게
하지도 않았을 것이다.

Dreams come true.
Without that possibility,
nature would not
incite us to have them.

《영어비빔밥》은 페이스북, 네이버 블로그에 1년 6개월 동안 300개가 넘는 포스팅을 했다.
출간되는 책이 없었기 때문이다.
발간 6개월 뒤, 페북에서 네이버 블로그로 갈아탔는데 이유라면,
페이스북의 '친구 숫자는 허수'라는 결론을 내고서였다.(페친 수에 현혹되지 않으면 한다.)
갈아탔다는 것은 그때만큼 열성적이지 않다는 뜻으로 지금도 책 광고는 하고 있다.

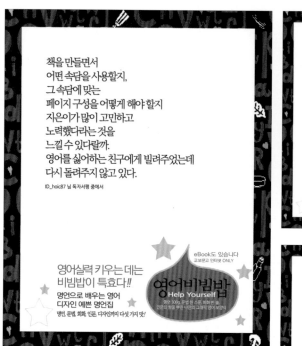

책을 만들면서
어떤 속담을 사용할지,
그 속담에 맞는
페이지 구성을 어떻게 해야 할지
지은이가 많이 고민하고
노력했더라는 것을
느낄 수 있다랄까.
영어를 싫어하는 친구에게 빌려주었는데
다시 돌려주지 않고 있다.

ID_hoic87 님 독자서평 중에서

요즘 한국에는 영어교재가 수없이 많지만
이 책은 비빔밥처럼 영어의 여러 가지 영역을 비볐고,
더불어 이 책의 포인트인 바로 반복이
더욱 이 책의 가치를 높여주는 요소인 거 같다.
언어를 배울 때는 반복학습이 얼마나 중요한지는
다들 아는 사실이다.
하지만, 우리가 보통 사서 읽어보는 교재들은
보통 한번 강조하고 땡이다. 왜일까..?
그래서 아마 흔들의자라는 출판사는
이 책을 통해 반복을 중요성을 강조하지만,
독자들의 피곤한 눈을 위해 디자인으로 심심함을
없애버리는 기막힌 아이디어를
세상에 내놓은 거 같다.

ID_1072014 님 독자서평 중에서

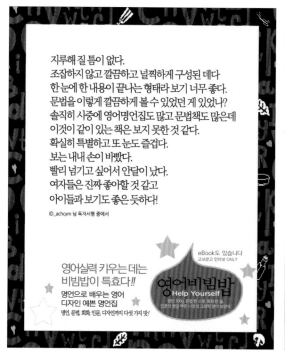

지루해 질 틈이 없다.
조잡하지 않고 깔끔하고 널찍하게 구성된 데다
한눈에 한 내용이 끝나는 형태라 보기 너무 좋다.
문법을 이렇게 깔끔하게 볼 수 있었던 게 있었나?
솔직히 시중에 영어명언집도 많고 문법책도 많은데
이것이 같이 있는 책은 보지 못한 것 같다.
확실히 특별하고 또 눈도 즐겁다.
보는 내내 손이 바빴다.
빨리 넘기고 싶어서 안달이 났다.
여자들은 진짜 좋아할 것 같고
아이들과 보기도 좋은 듯하다!

ID_achcym 님 독자서평 중에서

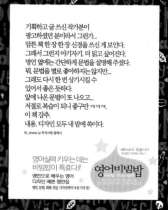

기획하고 글 쓰신 작가분이
광고하겠던 분이라서 그런가...
아픈 책 한 장 한 장을 신경을 쓰신 게 보인다.
그래서 그런지 이야기하기, 더 읽고 싶어진다.
명언 옆에는 간단하게 문법을 설명해 주셨다.
뭐, 문법을 별로 좋아하지는 않지만...
그래도 다시 한 번 상기시킬 수
있어서 좋은 듯하다.
앞에 나온 문법이 또 나오고...
저절로 복습이 되니 좋구만 ㅋㅋㅋ.
이 책 강추.
내용, 디자인 모두 내 맘에 쏙이다.

ID_slveng 님 독자서평 중에서

책의 내용으로
포스팅하는 것도 좋지만
'독자서평'을 이용해
포스팅하는 것은 경험치다.
조작되지 않은 진심이 담긴
독자의 서평 하나하나는
단순한 책 광고 이상의
효과를 얻는다.
바이럴 마케팅(Viral Marketing)
이라 한다.

발간 후, 11월 11일, 크리스마스가 있다. 때에 맞춘 광고,
전문용어로 시즌 마케팅(Season Marketing) 이라 한다.

교보문고 신간 브리핑에 참여하다

교보 광화문점에서 매달 1회 중소출판사를 대상으로 신간발표 PT를 한다.
(선정방법이나 자격 등 기준이 바뀌는 일도 있으니 분야 담당자에게 문의하세요)
선정되면 부상으로 광화문점 중앙복도에 1개월간 전시(화제의 신간) 된다.
기획서만 가지고 참여했는데 운 좋게 가장 많은 표를 얻었다.
별 의미는 없지만 1등! 그런 것들이 책 광고 마케팅의 주제로 쓰인다.

재미로 보는 명화 패러디 광고 ❶

매달 진행되는 인터넷 서점 프로모션(분야별 MD에게 문의)에 참여하는 것도 마케팅의 한 방법이다.

유료로 진행되는 경우로 광고료 대비 판매 성과에 대해서는 이벤트마다 다르기에 참여하는 각자 판단의 몫이다.

패러디 광고를
만들 때는
가볍게 보는 것,
재미로 보는 것에
목적을 두고
창작 하는 게 좋다.

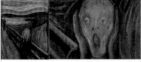

〈비너스의 탄생〉
보티첼리

득템을 위한
비너스 탄생

므흣한 순간^^
인터파크 '10년 다이어리'에
당신의 삶을 기록해 보세요.
10년이면 당신의 인생도 역사!

인터파크 단독 〈10년 다이어리〉 증정

함께 보세요 〈인생을 이끌어 줄 일곱단어〉

〈최후의 심판〉
미켈란젤로

영어비빔밥 무죄
최후의 심판

도서정가제 위반 아닙니까?
'10년 다이어리'가 몇 만 원 한다던데...
사은품이 너무 쎈 건 아닌가요?
그래도 영어비빔밥은 무죄!

인터파크 단독 〈10년 다이어리〉 증정

함께 보세요 〈인생을 이끌어 줄 일곱단어〉

〈서당〉
김홍도

득템 전에
서당 오지마

노노노, 그러시면 안돼요.
인터파크 단독 이벤트,
'10년 다이어리 득템 기회.
이참에 몇 권 사서 나눠주세요. 샘~^

인터파크 단독 〈10년 다이어리〉 증정

함께 보세요 〈인생을 이끌어 줄 일곱단어〉

〈해바라기2〉
빈센트 반 고흐

비빔밥
해봐라 기도

간절히 기도해도 안 될걸~.
인터파크에서 주는
'10년 다이어리'는 기도받이 아니라
책을 사야 드립니다.

인터파크 단독 〈10년 다이어리〉 증정

함께 보세요 〈인생을 이끌어 줄 일곱단어〉

〈마릴린〉
앤디 워홀

득템 찬스
몬로는 몰라

그녀는 일기를 쓸어야 없어.
인터파크에서 주는
'10년 다이어리'를 알았겠지만.
어디든 기록을 남겨야지!

인터파크 단독 〈10년 다이어리〉 증정

함께 보세요 〈인생을 이끌어 줄 일곱단어〉

〈경마〉
이중섭

득템 찬스
...소 끝났소

...늦게 봤는 갑소~.
...니다. 인터파크에서 주는
...던 다이어리 득템 기회.
...30일까지라 카든데예~!

...보세요 〈인생을 이끌어 줄 일곱단어〉

〈키스〉
구스타프 클림트

득템 후
달달한 키스

무릎까지 꿇을 건 아닌데...
인터파크에서 주는
'10년 다이어리', 10년 후,
당신이 당신 인생에게 딥 키스!

인터파크 단독 〈10년 다이어리〉 증정

함께 보세요 〈인생을 이끌어 줄 일곱단어〉

〈별이 빛나는 밤에〉
빈센트 반 고흐

별이 빛나는
득템한 밤에

"아, 아름다운 밤이에요"
인터파크 '10년 다이어리'에
매일 밤 당신 삶을 기록하세요.
자그마치 10년 동안입니다.

인터파크 단독 〈10년 다이어리〉 증정

함께 보세요 〈인생을 이끌어 줄 일곱단어〉

Chapter 2

네이버는 멍석이다

01 | 하나의 책, 두 개의 컨셉
인생을 이끌어 줄 일곱단어_흔들의자 지음

네이버 블로그 시작한 지 1년 남짓, 여전히 찾아오는 저자는 없다.

영어비빔밥 출간 8개월이 지났으니 판매량은 뚝~!

뭐라도 해야 했고 그래서 또 새 책을 기획했다.

페이스북에서 네이버 블로그로 갈아타긴 했는데

도대체 왜, 내 책은 네이버 메인에 한 번도 오르지 않는 걸까?

도무지 알 수도 없고 물어 볼 사람도 없었다.

내가 모르는 무슨 방법이 있지 않을까? 하는 생각이 미치자,

네이버 책방(구. 책문화) 담당자 앞으로 용감(?)하게 장문의 메일을 보냈다.

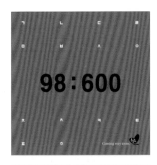

[인생을 이끌어 줄 일곱단어 티저 광고]
아마 네이버에서도 처음 있는 경우였을 것이다.
책 소개가 아니라 티저 이미지를 책방에 알려 준 것은.
처음으로 네이버로부터 댓글을 받았는데, 그 내용이
"관심있게 보고 있습니다"
답글에는 '이거 새롭네'라는 담당자의 마음이 숨겨져 있다고 본다.

❶❷❸ 티저광고 시리즈; 98개의 인생 테마와 600개의 키워드 헤드라인으로 제작된 책이다.
❹ 책미리보기 예고 광고; 하나의 책, 두 개의 컨셉

네이버 책방 그리고 네이버 포스트

그땐 정말 몰랐다.

네이버 블로그에 포스팅하면 때가 되면

저절로 네이버 메인에 오르는 줄 알았다.

1주일 정도 흘러 답장이 왔다.

"내용이 많아 매뉴얼을 보내 드린다."는 글과 함께

미리보기는 대부분 POST로 만드는 편이라는 것과

다른 출판사의 예시 링크도 함께 있었다.

친절한 답글에서 느껴지는 감정이 있다.

매뉴얼은 네이버 포스트(블로그가 아님)에

포스팅하는 것에 관한 것이었다.

'아~, 네이버 포스트란게 있구나'

그 여름, 1주일에 걸쳐 포스팅 연습하고

우선으로 블로그에 있던 내용을

포스트에 붙여 놓고 새 책을 기준에 맞추어

게재하고 링크를 네이버 책방에 알렸다.

그로부터 3년 뒤, 네이버에 포스팅하는 방법을

S생명에서 강의하게 될 줄을 누가 알았겠는가!

네이버 메인에 뜨다

"관심있게 보고 있습니다."
티저광고에 책방(책문화) 담당자가 쓴
답글을 보았을 때, 감이 왔다.
'메인에 올려 주겠구나!'

정말 기뻤다! 처음으로 메인에 올랐을 때.
네이버 책방은 PC판, 모바일판이 있는데
그때만 해도 모바일보다 PC로
책방을 보는 경우가 많았다.
PC판, 모바일판에 동시에 노출되면
더 많은 사람이 본다는 건 당연하다.

네이버 메인의 위력을 실감하다

네이버 모바일판 심야책방은
밤 9시에 뜬다.(2021년에 없어졌음)
아침 5시에 새 책이 업데이트되고,
요일마다 노출되는 분야가 바뀐다.
네이버 메인에 띄우고 싶다면
요일별, 시간대별, 도서 종목이나
카테고리 등 업데이트되는 상황을
알아 두기를 권유한다.

네이버 책방(책문화) 심야책방에 오르고 난 뒤
그주 동안에 200부가 넘게 팔렸다.

처음부터 이 책은 '하나의 책, 두 개의 컨셉'으로 기획되었다. 존 W. 가드너가 정의한 [인생을 이끌어 줄
일곱단어]에서 모티브를 찾아 인물 수백 명의 명문과 격언을 98개의 인생 테마 하에 '옴니버스식'으로
구성, 글 쓰는 데 인용할 만한 600개의 문장이 일러스트와 사진으로 편집되었다.

티저광고를 만드는 세 가지 이유가 있다.

첫째는 마케팅 용어 그대로 독자의 관심을 유발하는 것이고
둘째는 저자에 대한 감사한 마음의 표시이다.
셋째는 다른 출판사와의 차별화로 이것은 새로운 저자를 만날 때
    호감이 가게 하는 플러스 요인이 된다.
압축시켜 말하면 '재미와 의미'다.

같은 비주얼로 헤드라인만 바꾸어 제작.

☆ 변호사님도 법무사님도 찾는 책

☆ 변호사도 법무사도 궁금해서 봅니다

☆ 책에 있는 대로 따라만 하세요.
변호사를 만나든 이 책을 따라하든 방법과 절차는
모두 같습니다. 채무자의 입장에서 알기 쉽게 쓴
개인파산 탈출 실전 가이드북!

효과가 다른 포털 검색 노출

같은 포스팅을 해도 노출되는 매체에 따라 효과는 다르다.

페이스북의 경우 신간이 나왔을 때 구매로 이루어지는 경우는 거의 없다고 보면 된다. 페이스북 페이지에 유료 광고도 했다. 몇 번에 걸쳐 100만 원이 넘는 비용을 들여 여러 각도로 해 보았으나, 나의 경우는 비용만큼 효과를 거두지는 못한 것 같다. 앞서 말한 '페친의 숫자가 허수(책 판매에 도움이 안 됨)'라는 걸 알았을 땐 이미 비용이 지급된 후였다.

2장에 '네이버는 멍석이다'를 둔 것은 비용을 들이지 않고 효과를 얻는 데 네이버만한 플랫폼이 없기 때문이다. 단지 네이버 메인에 오르는 것을 떠나 '포털 검색'이라는 강력한 검색 기능 때문이다. 소비자 관점에서 보면 당연하다. 무엇을 사고 싶고 알고 싶은 정보가 있는데 어느 누가 페이스북으로 검색하겠는가!

페이스북 친구 소개로 책을 내다

페친 소개로 저자를 만나게 된 케이스.

앞서 발간된 도서 이후 1년 만에 신간이 나온 셈이다.

그만큼 저자 만나기가 쉽지 않다.

가뭄에 콩 나듯 메일로 출간기획서를 받곤 했지만 그것을 출간하면

빚이 늘어날 수밖에 없는 원고다. 이 글을 읽는 분 중에 동감하는 분도 있을 것이다.

저자인 변호사를 만나 출간 기획을 하고 10개월 기다려 받은 원고로

타킷(구매대상)이 분명해 손해는 나지 않을 거란 생각으로 책을 만들었다.

기대만큼의 큰 반응은 없었지만 소기의 목적은 달성!

이 책도 교보문고 신간발표 브리핑에 참여해 Top 10에 선정되고

발간 전 티저광고, 런칭, 유지광고로 제작되었다.

귀찮아도 포스팅하세요

신간이 나올 때마다 네이버 책방에
알릴 것을 최우선으로 권유한다.
뒤에 네이버 인공지능 C-Rank 알고리
즘에 대해 언급하겠지만, 책이 나올 때
마다 책방에 알리는 것이 좋다.
검색 상위에 노출되려면 포스팅하는
수밖에 없다. 귀찮아도 꼭 해야 한다.
번거로울 수도 있지만 기꺼이 하는
행위에서 가치를 느껴야 한다.

헤드라인을 쓰는 법 중 하나는 책이 가지고 있는 여러 이점을 하나씩 풀어서 쓰는 것이다.
짧은 글보다는 긴 글이 설득하기에 좋다.(같은 비주얼로 헤드라인 자리에 색깔만 바꾼 경우)
☆ 파산 신청과 면책을 위해 이 책을 보는 건 불편한 현실이지만 이 책을 모르면 불행한 미래입니다
☆ 파산 신청과 면책을 위해 내 맘 같은 변호사를 선임하세요. 온라인 서점은 13,500원 입니다
☆ 파산 신청과 면책을 위해 책에 나온 대로 따라만 하세요. 내 맘 같은 변호사를 둔 셈입니다

상대방에게 무엇인가를 물어보거나
권유하는 방식으로 헤드라인을
쓰는 것은 언제나 옳다.
제품이 알려 주고 싶은 속성을
여러 가지 방법으로 쓰면
기본은 넘는 헤드라인이 된다.
시리즈 광고는 그렇게 만들어진다.

지금이라도 귀사에서 발행한 책이나
신제품을 위 광고에 응용,
헤드라인을 시리즈로 작성해 보라.
막연히 광고를 어떻게 할 것인가를
고민하지 말고 적절히 변형해 보라.
소비자가 왜 제품을 사야하는지
헤드라인을 서술형으로 써 보라.
그냥 글이 아니라
광고카피처럼 보일 것이다.

서점에 보낸 상세 페이지 이미지 ▷

명언 그거 다 뻥이야. 내가 겪어보기 전까지는_권수구 · 흔들의자 지음

저자가 없어 4년 동안 단 1종씩만 출간되는
열악하고 부진한 환경이었지만 '미출간 공백의 해'는 없었다.

"형님, 카피 좀 써 주세요"
"명언집을 내려고 하는데 명언만 가지고 하기엔 별 재미도 없고
 기존의 명언집과 차별화도 없고…"
이 책의 컨셉을 수구 형님(권수구 님_카피라이터, 광고산방 대표)께 말씀드리고
6개월을 기다렸다.

티저를 꼭 만들 필요는 없지만
노출을 위해, 재미를 위해
만들어 보는 것도 좋다.
광고회사에 다니는
전문 광고인이 아닌 이상
광고 제작은 재미로 해야 한다.
그렇게 해야
지치지 않고 오래 할 수 있고
그 일을 즐길 수 있다.

사랑에 관해서는 낭만적일 수 있지만
돈에 관해서는 낭만적이어서는 안 된다.

당신만이 전할 수 있는 이야기를 써라.
너보다 더 똑똑하고 우수한 작가들은 많다.

미래의 사랑이란 없다.
사랑이란 언제나 현재형이다.
사랑을 지금 보여주지 않으면
사랑이 없는 사람이다.

돈의 가치를 알고 싶다면 꾸러 가보라.

기다림이 재앙보다는 낫다

책을 만드는 일은 기다림의 연속이다.

저자를 기다리고, 최종 원고가 나올 때까지 기다리고,

편집되는 시간, 인쇄 완료까지 모든 것이 기다림이다.

세상에 있는 어느 것 하나 기다리지 않고

만들어지는 것이 없는 것처럼 기다림에 익숙해 져야 한다.

'시간은 기다리는 자에게 기대하는 것을 가져다준다'는 것을 믿어야 한다.

'기다림이 재앙보다 낫다'는 사실을 명심해야 한다.

기다린 자만이 기대하는 것을 얻을 수 있다.

☆ 엄마, 아버지 때문에 속상하시면 뻥을 읽어보는 게 좋겠어요

☆ 아버지, 엄마 등쌀에 괴로우시다면 뻥을 읽어보시는 게 좋겠어요

☆ 아들아, 취직 때문에 고민 많다면 뻥을 읽어 보는 게 좋겠구나

☆ 동숙 씨, 남편 때문에 화날 때, 뻥을 한번 읽어보면 좋겠군요

☆ 군대 간 친구에게 선물 고민하신다면 뻥을 보내는 게 좋겠군요

☆ 정치하시는 분들, 지금 국민의 뜻을 알고 싶으시면 뻥을 읽어 보시면 좋겠군요

이 시리즈로 총 12개 제작되었다. 광고 카피를 쓰는 요령 중에 각각의 대상을 선정,
그 대상에게 맞는 메시지를 전달하는 방법을 취하는 것은 헤드라인을 쓰는 법칙 중 하나다.

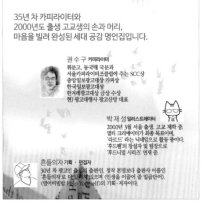

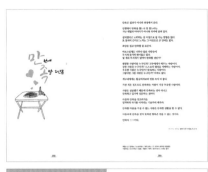
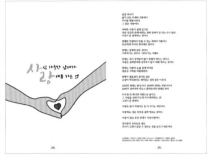

본문 페이지 레이아웃:
왼쪽은 카피라이터의 창작 명언, 오른쪽은 명언을 모아 편집되었다.
페이지마다 있는 재미난 일러스트로 보는 재미를 더한 이 책은 당시 고등학교 1학년생이던
박재성 군(2000년 3월생)의 작품이다.

찾아보면 광고로 쓸 요소는 많다.

문제는 관심과 집중이다.

공자의 말처럼 그것을 즐기는 자가 돼야 한다.

知之者 不如好之者 好之者 不如樂之者
(지지자 불여호지자 호지자 불여낙지자)

그것을 아는 자는 그것을 좋아하는 자만 못 하고
그것을 좋아하는 자는 그것을 즐기는 자만 못 하다.

2017년
모든 나쁜 것들이
뻥이기를

도서출판
흔들의자

뻥속에 답이 있다.

2017년 새해 카드:
뻥튀기에 바늘로 한 땀 한 땀
콕콕 찍어 뻥이란 글자를
만들었다. 포토샵으로
할 수도 있겠지만 정성을
들인 만큼 반응도 좋았다.

뻥에 살게 해 주세요
뻥뻥치는 사람들

뻥~터지는 유머도 있다.
뻥엔 눈물도 있다.

뻥없는 나라를 만듭시다
뻥없는 좋은 나라

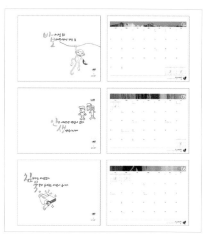

탁상용 캘린더 제작: 본문의 창작 명언으로 캘린더를 제작, 2016년 12월에 네이버와 협업으로
이벤트를 벌였다. 프로모션 하는 방법은 많다. 언제나 그렇듯 늘 비용이 문제다.

4종 동시 출간!

때마침 선거철이라 티저광고도 그에 맞추어 4종 출간을 알리고 싶었다.

경험상 국가적인 큰 이벤트 행사가(선거, 국제경기, 명절이나 예기치 못한 큰 사건 사고 등)

있으면, 책이든 일반 제품이든 그 목적에 맞는 게 아니라면

신제품 출시 일정을 조정하는 것이 옳다.

왜냐하면 이벤트에 이목이 쏠려 관심이 떨어지며 맥이 끊기기 때문이다.

원래처럼 1종에 하나씩 그에 맞는 티저광고를 만들었으면 좋았겠지만

그 많은 것을 혼자 다 하기에는 시간상으로 무리가 있었다.

이 티저광고는 선거철이라는
시즌에 오해(?)를 불러일으킬
목적으로 제작된 것이다.
기호 1번도 아니고
기호 2번도 아니고
기호 3번도 아니고…
광고는 좀 재미적 요소가
있어야 하는 게 지론이다.

광고를 잘 만들려고 하다 보면
시간만 흐르는 것을 알게 된다.
광고 전문가가 아니더라도
쉽게 프로처럼
보이게 하는 방법은
일련의 컨셉트(헤드라인이든
비주얼이든)를 일정하게
표현하면 된다.

사진은 '찍는 법'을
가르치는 예술이 아니다.
먼저 사물을 천천히 '바라보는 법',
사물에 다가가 '말을 거는 법',
마음을 '드러내는 법'을 익힌 다음
서서히 자신과, 타인과, 사물과,
자연과 소통하는 길을 찾고,
그 길을 따라 세상에 한 발짝 성큼,
다가가는 일이다.

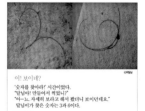

절판되었던 책을 개정판으로

이 책은 개정판이다.

절판되었던 책을 개정판의 이름으로

흔들의자에서 출간하기까지 긴~ 사연(?)이 있다.

2017년 5월 개정판이 출간된 이래 꾸준히 팔리고 있는 책으로

그 이유는 지금도 하고 있는 저자의 '사진 수업' 때문이다.

5년 동안 소년원을 다니며 그 아이들에게 사진을 가르치고,

가르치는 동안에 그들로부터 더 많은 위안을 받고…

본문에 나오는 사진은 모두 소년원에 있었던

그 아이들이 찍은 것으로 글과 사진이 있는 포토에세이다.

제주에서 열린 북콘서트

저자 고현주 님은 한라산과 푸른 바다를 낀

제주도에서 태어나고 자랐다.

개정판 출시 후, 제주에서 북콘서트를 개최했는데

사회적으로 지명도 있는 분들이 지인으로 참석,

자리를 빛내 주었다.

사회활동이 많은 저자가 있다는 것은

출판사 입장에서는 고마운 일이다.

눈과 마음의 프레임

"사진 참 좋다."
이 사진을 본 사람들의 첫 마디다.
왜 그렇게 느끼는 걸까?
첫째, 힘이 느껴진다. 둘째, 공간 구성이 뛰어나다.
셋째, 프레이밍을 잘했다.
난 이 친구들에게 프레이밍에 대해 가르쳐준 적이 없다.

나가는 곳 Exit

명랑하고 빼딱한 혜숙이는
제주도에 가서 가장 많은 사진을 찍었다.
친구들에게 찍은 사진은
머릿속에 기억되는 게 아니라
가슴속에 화석처럼 새겨진다.
지금 막 혜숙이의 마음 그대로를 담아낸 사진이다.

번짐과 스밈

나는 사진을 배우는 것보다 더 중요한 것은
따뜻한 정서를 공유하고 느끼는 것이라고 생각한다.
이 친구들에게 필요한 것은 지식이 아니라 정서다.

스며들어야 번질 수 있다.
무엇이든 스며드는 것이 먼저다.
스며들기 위해서는 마음의 문을 활짝 열어야 한다.

나는 기다립니다 I

노랑이에게
왜 우산을 이렇게
세워놓고 찍었는지
말해달라고 했다.
노랑이는 발그레한
볼을 부비며
이렇게 나직이 말했다.

"우산은 저 자신이구요.
기다려달라고 저기서
백백 기대고 있어요."
"누구를 기다리나요?"
"엄마요."

흔들리지 않고 피는 꽃이 어디 있으랴!

"빛꽃아! 초점이 나갔네? 왜 이렇게 찍었니?"
"초점이 없는 게 저 자신 같아서요. 항상 저는 불안하고
흔들리는 아이였어요. 모든 게 불안하고, 초조했어요.
집안도, 친구들도, 나의 미래도…….
위안 받을 누군가가 필요 했어요."
이 친구들은 어쩌면 가장 극단적인 흔들림의 주인공인지도 모른다.

마음의 빨간약

예술은
사람들에게
상처받은
영혼에게
빨간약
역할을 한다.

내 마음의
빨간약은
어쩌면
이 친구들의
사진일지도
모른다.

특별한 이유로 이 책을 내게 되었다.

저자의 자서전과 다름없는 글의 전개는 소설 같은 끌림이 있다.

특히 젊은 날의 사랑 이야기.

이 책을 만들게 된 여러 가지 이유 중 가장 큰 것은

가족이 재결합하는데 밀알이 되었다는 기쁜 소식을 듣고 싶어서였다.

저자의 절실한 바람과 출판사의 뜻이 통해

'한 여인의 마음을 되돌려 가족이 다시 만나진다면…'

그렇게 된다면 책이 할 수 있는 더 이상의 위대함은 없다는 생각이었다

마땅히 광고를 할 아이디어나 비주얼이

떠오르지 않을 때에는 책에 나오는 챕터에 있는

그림이나 본문에 있는 그림을 넣어

제목만 알려 주어도 된다.

그마저 없을 때는 책 제목만이도 알려주어야 한다.

블로그로 저자가 만나지다

페이스북이나 블로그, 트위터… 등등 SNS는

새로운 저자를 만날 수 있는 통로이다.

그 이유로 출판사의 포스팅은 전략적으로 보일 필요가 있다.

서로 이웃이든 페이스북 친구이든

검색을 통해 찾아온 방문객이든 그 누구라도

'여기는 출판사구나!'라는 인식을 하게 해야 한다.

출판사의 행위를 지켜보고 있는 것이다.

'출판사를 감시하고 있다'는 섬뜩한 표현도

지나치지 않다고 생각한다.

간호대학 지망생을 위한 가이드북

스타 직업 멘토 오남경 간호사와 함께 걷는 간호대로 가는 길_오남경 지음

2년을 기다린 원고가 책으로 나온 케이스.

누군가는 관심을 가지고

출판사의 게시물을 보고 있다는 것을 잊어서는 안 된다.

이 또한 이 책이 전해 주고 싶은 중요한 메시지 중 하나다.

어느 날, 페이스북 메시지 아이콘에 알림이 떴다.

"저는 간호사인데요, 수필집을 내고 싶어 문의드려요…"

출판 기획의 전략적 접근

"간호사가 쓴 수필집이 간혹 나옵니다만, 수명이 짧아요.
　반짝 팔리다 말죠. 그래서 이 책처럼 쓰는 건 어떨까요."
그녀 앞에 《음대로 가는 길》을 내밀었다.
예측은 정확히 맞아떨어졌다. 이 책은 중고등학생이 보는
진학용 참고도서로 2017년 출간된 도서임에도 불구하고
꾸준히 팔리고 있는 효자상품이다.(뒤에 《한의대로 가는 길》 시리즈로 이어짐)
흔히 말하는 기획도서에 '전략'을 붙인 출판사의 '전략적 기획도서'로
예전에는 광고주가 만든 제품이 판매되게 '광고만 잘 만들면' 되었지만
지금은 저자와 함께 기획 단계부터 제품(책)을 만들고 있다.

행복 디자이너 김재은의 그깟 행복_김재은 지음

모임을 통한 인연이 책으로 나오기도 한다.

페이스북을 하다 보면 간혹 벙개같은 만남이 있다.

대체로 기대만큼 못 미치지만, 가끔 참여해 출판하고 있다는

사실을 알리는 것이 좋다.

보통은 누구와 명함을 주고받았는지 모를 만큼 짧은 만남이지만

사람이 모이는 곳에 저자가 있다. 책이 있다.

그렇기에 1년에 한두 번은 어느 모임이라도 참여하길 권유한다.

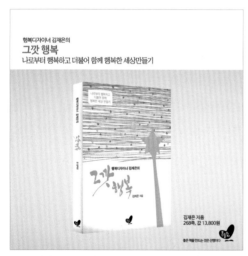

네이버 메인에 띄워 주는 건 사람이다

광고의 표현기법 중에 3B(Beauty, Baby, Beast)가
있다. 유명한 기법이라 굳이 설명할 필요는 없지만
보는 이로 하여금 주목률을 높이는 비주얼 표현으
로 아름다움(주로 여자 모델), 아기, 동물(곤충)이다.
네이버 메인에 꽂아주는 담당자 또한 사람이다.
그들의 시선을 우선으로 잡아야 메인에 오를 확률
이 높다. 포스팅할 때 이러한 비주얼 표현방법을
응용해 볼 것을 권장한다.

클래식 대중화 선언!

어느 피아니스트의 서시 그리고 음대로 가는 길_송하영 지음

출판의 보람이라면 저자의 활동 무대를 넓힐 수 있다는 것이다.

앞서 '간호대 가는 길'의 저자 오남경 간호사가

여러 공공기관으로부터 네 차례 상賞도 받고

학생들을 상대로 직업 관련 강의를 하듯이.

피아니스트 송하영 님도 강의를 통해 수익이 창출되고 있다.

이것은 책이 저자에게는 주는 보너스라 할 수 있다.

저자의 생활에 보탬이 되는 삶의 한 도구로써 이용되는 것이다.

> 될 수 있는 한 광고는
> 많이 만드는 것이 좋다.
> 그것이 쌓이고 쌓이면
> 신규 저자를 만나게 되는
> 밑거름이 된다.

개정판은 네이버 책방 '출간 전 연재'에 오를 수 없다

신간 나오기 전, 출간 원고를 검토하며 먼저 드는 것은
'어떻게 하면 출간 전 연재'에 선정될 수 있을까이다.
네이버 책방의 위력을 알기에 출간 45일 전,
출간 전 연재 기획서를 작성해 보낸다.
이 책은 앞서 발간한 '음대로 가는 길'의 개정판으로
책 내용이 80~90% 정도가 바뀐 것이다.
혹시나 해서 기획서를 제출했지만 거절당했다.
개정판은 네이버 '출간 전 연재'가 될 수 없다.

09 | 문화를 정책과 행정으로 말하다

문화정책 문화행정_박혜자 지음

저자를 만나게 되는 경우는 다양하다.
이 책의 저자를 소개한 분은 광고회사(코마콤)에 입사했을 때
모시던 이경식 사장님이다.
고희를 넘긴 지금도 현역으로 왕성하게 일하시는 존경스러운 분이다.

이 책의 저자는 보궐 선거를 준비하고 있던 전 국회의원 박혜자 님으로
책을 만들다 보면 각계각층의 인물을 만날 수 있는 장점이 있다.

제품(책이든 상품이든)
그 본질의 격에 맞는
표현해야 한다.
가벼운 언어(유행어나 속어 등)를
쓰게 될 경우도 있다.
제품의 성격에 따라
언어를 선택해야 한다.

학술서가 좋은 점

처음 만든 학설서.

학술서는 일반도서와 다르게 유통서점으로부터 공급률을 좀 더 높게

받을 수 있는 이점이 있고 신학기가 되면 대학교재로 쓰이기에 꾸준히 팔 수 있는

장점이 있다. 그래서 어느 출판사는 대학교재만 집중해서 출간한다.

한 분야의 책만을 오랫동안 발간하다 보면 그 분야의 전문 출판사가 된다.

맞는 말이지만 신생(작은) 출판사는 '어느 저자와 출간의 연'이 맺어질지 모르기에

한 분야의 책에 집중하든 모든 분야의 책을 출판하든

그것은 발행자의 선택이고 결정이다.

출판은 기획이다. 가령 같은 원고를 출판사 다섯 군데 주었다고 치자.

책 제목도 확정되지 않은 상태로, 우선은 편집에서 많은 차이가 있을 것이다.

책의 퀄리티는 제작비용과 비례함은 당연할 것이다.

문제는 출판비용(순제작비+마케팅 비용) 대비 판매 부수인데 작은 출판사의 경우,

큰 금액을 감당하기는 용단이 필요하다.

이 책의 저자는 어느 모임에서 이어진 인연으로 저자 윤광원 님 신분은 기자이다.

기자의 주 업무는 글 쓰는 일이라 교정·교열이 거의 필요 없는 장점이 있다.

광고에 정답이 없다. 헤드라인이든 이미지 구성이든 간에.
단지 제품 출시를 알리는 정도면 충분하다는 생각이다.
언제나 더 좋은 광고는 분명히 있겠지만
제품명을 알리는 것에만 충실해도 좋은 마케팅 전략이다.

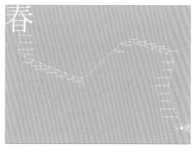

책 제목을 어떻게 할 것인가

편집디자인만 하는 경우는 좀 다르겠지만 책을 만든다는 것은 새 생명을 출산하는 것과 같다. 앞서 말한 크리에이터가 돼야 한다는 의미와 뜻을 같이한다.
원고를 읽으며 동시에 책 제목을 생각하고, 책방에 어떻게 포스팅 할 것인가를 생각하며 원고를 몇 번 읽는다. 여행서의 경우는 거의 비슷비슷한 맥락이다. 들른 장소마다 그곳에 얽힌 스토리만 다를 뿐…
책 내용에 충실해 '수도권 도보여행 100군데', 라고 제목을 지을 수도 있지만 별 재미가 없다. 여러 개 제목을 썼다 지우다를 하다 보면 새로움이 나온다.

책 제목에서 승부가 난 배싸메무초

먼저 아래를 보라. 배낭 싸고 메고 무작정 따라가라, 초행길에 더 좋은….

그렇다. 배싸메무초다! 당신이 많이 들어본 팝송 제목은 '베사메무쵸'.

책 제목을 생각할 때, 먼저 여행자의 행동을 떠올렸다.

여행 갈 때 준비. 배낭을 챙길 것이고 쌀 것이고 그 배낭을 멜 것이고….

대충 배싸메… 생각이 여기까지 오자, 무. 무. 무… 무조건 따라가라면 되네.

배싸메무… 초.. 초.. 초… 초! 초행길이란 단어가 뇌리에 꽂힌 순간,

배싸메무초가 완성되었다.

'출간 전 연재' 기획서 만들어 책방으로 보내고 처음으로 승낙 받았다.

나중에 알게 된 사실, 신간 미팅 차 YES24 어느 MD를 만났는데,

"어~, 이 책 알아요. 매주 MD 회의 있는데 거기에 소개된 책이에요"

세종도서 선정의 기쁨

'세종도서'로 선정되는 것은 책 만드는 큰 기쁨 중에 하나다.
선정되었다고 반드시 판매가 많이 되는 것은 아니지만
적어도 상금만큼의 책이 납품되고
전국의 도서관에 비치된다는 것은 횡재의 차원이다.
저자로서도 으쓱할 일이다.
매년 수천 종의 응모작 중 수백 종만이 선정되니
경쟁의 치열함은 당연하고
표지에 인쇄되는 인증마크는 훈장이며 명예이다.
큰 출판사야 많은 저자로부터 다양한 콘텐츠의
출간 원고가 제공되어 선정될 확률이 높지만
작은 출판사는 출간 종수부터 적기에 심사 기준인
우수성, 출간의의, 독창성, 완성도를 만족하게 하는 건 쉽지 않다.

터닝포인트가 된 도전 나도 카피라이터

사업을 하다 보면, 아니 꼭 사업이 아니더라도 무슨 일이든 하다 보면
터닝포인트가 있기 마련이다.

'도전! 나도 카피라이터' 이것이 그것이다.

시작은 단순했다.

'어떻게 하면 네이버가 흔들의자를 잊지 않고 기억할 수 있을까?'

크리스마스 연휴, 갑자기 떠오른 생각!

'전 국민을 상대로 이행시 공모를 해보자!'

'책방(책문화) 이벤트 코너에 시리즈로 하면 될 수도 있겠다 싶었다.

상품은 발간된 책으로 주던가, 나중에 책 나오면 선물로 주면 되는 거 아닌가'

생각이 여기에 미치자 장장 1년이 넘는 프로젝트가 구체적으로 세워졌다.

문제는 어떻게 책방 담당자를 설득할 것인가. 이벤트 연재가 될 수 있을까.

포스팅 만들어 예약해 놓고 책방 담당자께 좀 긴 글을 썼다.

문이 열리게 하려면 두드리든가 소리쳐야 한다.

아이디어의
좋고 나쁨은
어떻게 실행하느냐에
따라 결정된다

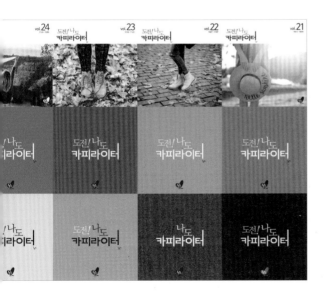

책방 담당자는 새로운 것을 좋아한다

일반적으로 출판사는 출간에 맞추어 서평 이벤트를 한다.

독자의 서평은 책 구매와 연결되고 포털은 그것을 기억하고 검색되기 때문이다.

아직도 책방 담당자를 만나 본 적은 없지만,

그때 이 기획서를 본 담당자는 어떠한 기분이 들었을지 궁금하다.

2주에 1회차씩 30회, 1년 3개월 걸린 전무후무한 이벤트!

결론적으로 30회 중 23회 노출(게재일 총 32일)이 되었다.

총 조회 수 51,000. 댓글 12,600개! 마지막 이행시(좀 어려운 '지명'으로 짓기)에

선정작이 없어 총 31회(1년 3개월). 나중에 알았지만 이것을 네이버 인공지능 C-Rank가

데이터로 저장, 새로운 저자가 찾아오게 되는 밑밥이 된다.

중복 응모도 좋아요. 중복 당첨도 됩니다.

앞에 있는 3개의 제시어를 이용해 시적 감성이나 위트,
공감이 되는 2행시를 비밀 댓글로 남겨 주세요.
매회마다 세 분을 선정해 선물을 드리며, 책으로 발간될 경우,
선정작을 제시한 분들께 출간도서를 드리겠습니다.
(글쓴이는 명기되며, 모든 응모작의 저작권은 도서출판 흔들의자에 있습니다.)

▶ 25회차 응모 기간 : 12/8(금)~12/19(화) ▶ 발표 : 12/22(금)
(당첨자는 다음 회, 선정작과 함께 발표되며, 개별 통보합니다)

응모하시기 전에 꼭 알아 두세요.
제시한 낱말로 문장이 시작되면 무조건 탈락! (예, 출발 출: 출발이다 발: 발을때려)
제시된 낱말 자체가 지닌 '본래의 뜻'이 살아있는 글을 선정하며
비속어는 금물! 또한 선정성 내용, 남을 음해하는 글, 지나친 정치, 종교색을 띤
글은 예고 없이 삭제되며, 살짝 아쉬운 응모작에 대해 2% 정도 수정하여 선정
되기도 합니다. 응모된 글은 흔들의자에 귀속되어 책으로 발간 될 수 있습니다

번호	낱말		번호	낱말		번호	낱말		번호	낱말	
001	출발	020	019	공정	056	037	양말	094
002	동행	022	020	인심	058	038	휴가	096
003	고향	024	021	소망	060	039	연기	098
004	선물	026	022	이면	062	040	먼지	100
005	만남	028	023	선행	064	041	쉬거	102
006	고백	030	024	지위	066	042	칼날	104
007	연인	032	025	가정	068	043	방학	106
008	편지	034	026	화초	070	044	사냥	108
009	동심	036	027	이상	072	045	바다	110
010	동방	038	028	이사	074	046	피서	112
011	시선	040	029	부정	076	047	벨날	114
012	청춘	042	030	지혜	078	048	폭서	116
013	뻬어	044	031	원칙	080	049	명절	118
014	소원	046	032	여유	082	050	선율	120
015	동시	048	033	대화	084	051	호흡	122
016	인연	050	034	사랑	086	052	평화	124
017	구경	052	035	일바	088	053	민폐	126
055	명언	130	036	조국	092	100	둑보	204
056	물가	132	073	첫눈	188	092	절규	206
057	가을	134	076	연탄	172	093	국민	208
058	강물	136	078	거울	174	094	서울	210
059	하늘	138	077	은행	176	095	부산	212
060	추석	140	078	손길	178	096	대전	213
061	연휴	142	079	생선	180	097	대구	214
062	성묘	144	080	주제	182	098	광주	215
063	한글	146	081	근폐	184	099	전주	216
064	배상	148	082	제부	186	100	춘천	217
065	김치	150	083	세태	188	101	여천	218
066	눈이	152	084	윤서	190	102	수원	219
067	시인	154	085	서설	192	103	애수	220
068	흥수	156	086	소망	194	104	특허	221
069	낙엽	158	087	세월	196
070	추억	162	088	갈빛	198
071	신부	164	089	희망	200
072	입시	166	090	도전	202

루시 태양광 충전 램프

회	이벤트 기간	발표	회	이벤트 기간	발표
01	1/6~1/17	1/20	16	8/4~8/15	8/18
02	1/20~1/31	2/3	17	8/18~8/29	9/1
03	2/3~2/14	2/17	18	9/1~9/12	9/15
04	2/17~2/28	3/3	19	9/15~9/26	9/29
05	3/3~3/14	3/17	20	9/29~10/10	10/13
06	3/17~3/28	3/31	21	10/13~10/24	10/27
07	3/31~4/11	4/14	22	10/27~11/7	11/10
08	4/14~4/25	4/28	23	11/10~11/21	11/24
09	4/28~5/9	5/12	24	11/24~12/5	12/8
*10	5/12~5/23	5/26	25	12/8~12/19	12/22
11	5/26~6/6	6/9	26	12/22~~1/2	~1/5
12	6/9~6/20	6/23	27	~1/5~1/16	~1/19
13	6/23~7/4	7/7	28	~1/19~1/30	~2/2
14	7/7~7/18	7/21	29	~2/2~2/13	~2/16
15	7/21~8/1	8/4	*30	~2/16~2/27	~3/2

뻥이야 노트북 파우치

2주마다
3개의 제시어로
3분을 선정하여
선물을 드립니다

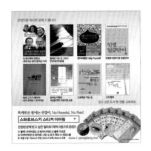

도전! 나도 카피라이터에 응모하세요.
당첨된 글이 예쁜 책으로 나와요.
2주마다 3개의 제시어로 3분을 선정해 선물을 드립니다.
2017. 01 ~ 2018. 02 (60주 30회)

11 | 우리 삶이 이행시 속에 다 있습니다

아니 이거詩_흔들의자 · 권수구 지음

무보수로 열 일하는 네이버 책방 메인.

누가 뭐래도 고마운 건 고마운 거다.

큰 출판사는 자금이나 인적 자원이 많아 영업이나

다양한 광고 집행의 능력이 있겠지만

작은 출판사는 조직이나 자금면에서 부족함이 많다.

나 또한 마케팅이나 프로모션에 별반 뾰족한 묘책이 없어

'돈 한 푼 들이지 않고 최고의 효과를 얻는' 책방을 애용한다.

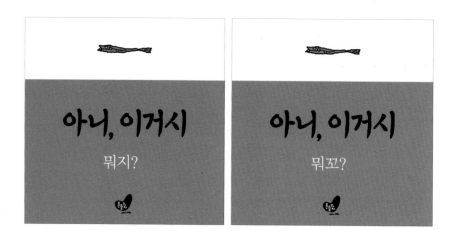

책 제목 '아니 이거시'로 만든 티저광고 시리즈. '아니 이거시'를 영문으로 표기하면 You know, it's a poem.

티저광고만 2개월,
3,000명도 더 보았지만
누구도 예측하지 못했다

"네이버에 사람 심어놨어요?"
프로젝트가 끝날 즈음,
지인의 농 같은 말이다.
언제나 그렇듯 신간 발매 전
버릇처럼 하는 티저광고,
모두 같은 뜻이지만
살짝 몇 글자 바꾸기만 해도
메시지를 새롭게 전달할 수 있다.

우렁각시, 네이버

아무런 일언반구(一言半句)없이
네이버 메인에 스리슬쩍 띄어 주고
날이 밝으면 언제 그랬냐는 듯
쥐도 새도 모르게 사라지는
네이버 책문화 '심야책방'.

지난 밤,
네이버 메인에 떴다는 것은
밤사이 1,000명도 보고 10,000명도 본다는 것.
다음 날 아침, 주문이 쏟아진다네.

책을 만들어 본 사람도 많고
포스팅 좀 해 본 사람도 많지만
네이버 메인에 띄어 본 사람만이
그 기분 알지.

정말 고마워요,
우렁각시, 네이버

도서출판 흔들의자

'아니 이거시' 서문에 실린 감사의 글

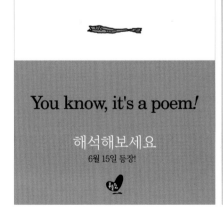

545일을 기다린 약속

안녕하세요. 도서출판 흔들의자입니다.

서로 얼굴 한 번 본 적 없고, 어디 살고 있는 지,
무엇을 하고 있는 사는 지도 모르는 사람들이 모여
책을 만드는 '위대한 만남'이 벌어졌네요.

2017, 2018 흔들의자 야심 프로젝트 '도전! 나도 카피라이터'
이행시 짓기가 〈아니, 이거시〉로 발간됨은 모두 여러분 덕분입니다.
지금이야 감사의 마음으로 글을 드리지만
'이 프로젝트를 무사히 끝낼 수 있을까' 하는 마음,
'선정자 님들이 갖는 기대에 실망을 주면 어떡하지' 하는
걱정과 책임, 숙제가 있었음을 고백합니다.

우리 삶을 '창작 이행시'로 풀어 낸 명작, 〈아니, 이거시〉가
세상에 당당히 출간되도록 멋진 글을 주신 여러분께 감사드리며
500일 넘게 기다린 약속을 지키게 되어 행복합니다.

Yes, We did! 예, 우리는 해냈습니다!

도서출판 흔들의자

'도전 나도 카피라이터' 선정자분들께 책과 함께 동봉한 감사 레터.
'아니 이거시' 출간 후, 단톡방이 만들어지고 관계를 이어가고 있다

이행시도 좋지만 이 책의 백미白眉는 '바디카피'다. '카피 쓰는 방법'을 알려 주는 이보다 좋은 예시는 없다. 또한 책장을 넘길 때마다 주제에 맞는 수채화 일러스트가 이 책을 보는 재미를 더해 준다.

이 책의 완성도를 높인 크리에이터 3人 (기획자, 카피라이터, 일러스트레이터) 내공의 합이 107년이다.

단독방으로 이어지는 인연의 끈

"우연으로 만났지만 우린 어쩜 운명이었나봐요"
"우리 말과 글, 특히 시를 사랑해 국문학을 선택 한 딸과 함께 출간의 기쁨을 나누고 싶습니다"
"세상에 흔적을 남길 수 있게 되어 영광입니다"
"이행시 프로젝트 참여는 일상에 새로운 활력과 설렘 가득 담은 기다림을 덤으로 주었답니다"
"카피라이터가 되고 싶은 꿈이 설레게 되었다"
"우아! 진짜 책이 완성되었군요…"
_ 〈아니 이거詩〉 저자들의 발간 축하 메시지 중에서

평범한 이벤트는 안녕

될 수 있으면 이벤트는 제품(책이든 상품이든)에
맞추는 것이 좋다. 독자 서평을 할 때도
이행시 제시어를 주고 응모하게 하고,
판매를 계산한 도서관 인증샷 이벤트도 효과가 좋다.
표지에 '노가리' 일러스트가 있다.
좀 더 재미난 이벤트를 생각하다
'노가리 파티'가 기획되었다.
생각 자체를 즐기고 생각이 떠오른 것을
실행에 옮기는 낙천적이며 능동적인 행동은
예측보다 더 많은 것을 가져다준다.

'도전 나도 카피라이터' 이행시 짓기 이벤트를 진행하는 동안 '흔들의자'는 하나의 플랫폼이었다.

가져보지 않은 것을 가지려면 해보지 않은 것을 해야 한다.

광고가 포장이라면 출판도 포장 아닐까.

포장은 제품의 성격이 잘 드러나야 한다. 문제는 과대포장이다.

저자가 보낸 원고를 수차례 읽으면서 든 생각은 '어떻게 살아야 하는가'에 대한

인간관리 · 관계의 실제 사례(실례, 實例)가 많다는 것이었다.

실례實例. 티저에 책 제목이 있다. 광고가 만들어지는 순간은 빛보다 빠르다.

우리말 실례(Excuse)와 실례(Example)는 동음이의어다. 영어는 다르지만!

한국어의 우수함과 독창성, 재미는 음성언어에 있다.

이 책의 저자는 '배싸메무초' 북콘서트에 오셨던 정헌석 박사님(경영학)이다.

책 광고는 신규 저자 설득에 긍정적으로 작용한다

여기까지 읽은 분들은 눈치 챘을 만한 것이 두 가지가 있다.

첫째는 책 판매를 위해 지금까지 나온 광고, 프로모션 방법은

비용이 거의 들지 않는다. 네이버 책방을 이용한 출간 전 연재,

서평이벤트, 교보 신간 브리핑 선정….

손품, 발품을 팔아야 하는 노동이 따르지만 모두 무료이면서 효과는 좋다.

둘째는 신간이 나올 때마다 제작된 티저광고다.

굳이 티저광고까지 만들 필요는 없지만 발간 런칭광고나 책미리보기용 광고는

만들기를 권유한다. 이것은 이 책이 지닌 '광고 자료집' 도서로써 역할을 한다는

것이고, 그것을 실행하게 되면 새로운 저자 유입에 도움이 된다는 뜻이다.

썰방별곡 문화유산 빅픽처 대발견_신동설 지음

재미와 동감이 없다면 썰이 아니다.

썰(?), 그 썰 맞다.

우리가 흔히 알고 있는 의견이나 생각, 이야기 따위를

속되게 이르는 설레발의 그 썰이다.

이 책의 저자인 신동설 박사님 또한 모임에서 알게 되었는데

그야말로 천하에 둘째가라면 서러운 이야기꾼이다.

티저 1차: 신기방기 / 티저 2차: 동감100배 / 티저 3차: 신기방기 동감100배 썰방별곡
저자의 이름에서 힌트를 얻어 제작된 티저 시리즈이다.

16세기에 관동별곡이 있었다면
21세기에는 썰방별곡이 있다

이 책의 제목은 저자의 이름과 연관이 있다.
신동설의 '설'. 설이 세게 발음되면 썰이 되고
그것은 저자의 강연 주제와 찰떡궁합이다.
책의 내용과도 부합되는 면이 많다.
다소 무거울 수 있는 문화유산 얘기를
읽기 쉬우면서 재밌게 풀어낸 것처럼
책 제목도 심각하지 않은 선에서 만든 것이다.
출간기념 강연회는 유튜브로 볼 수 있다.

네이버 책문화
강연회 이벤트
현수막 및 배너

| 타인의 편지에서 추억 속의 나를 찾다
편지 왔습니다_박종필 지음

해가 바뀌어 출간 20종을 넘기고 있다.

7년 동안 연간 2.9종 출간한 셈이다.

출간 종수가 적어 연 4천만 원대의 매출이다.

'편지 왔습니다'의 저자는 지인이란 표현보다는

40년 넘는 연이 있는 형님이다.

"내가 50년 전에 받은 편지가 있는데, 책으로 낼 수 없을까?"

2월 8일, 50년 전 우정이 배달됩니다

2월 8일, 50년 전 사랑이 배달됩니다

내일, 50년 전 우정과 사랑이 배달됩니

광고 만드는 것을
버릇처럼 하는 게 좋다.
하다 보면 어느 순간,
하지 않으면 허전한 것을 알게 된다.
그때가 되면 광고 만드는 것은
정말 말처럼 쉬어진다.

어느 58년 개띠생 편지에 남은 그때 그 시절 우정과 사랑

50년 전 편지, 저자가 초등학교 때 은사님으로부터 받은 편지,

밀양에서 서울로 전학 온 이후 친구와 주고받은 편지, 군대시절, 대학까지…

시기에 따라 만나는 사람도 다르고 시절에 따라 사회적 상황도 다르다.

낡은 봉투에서 편지를 꺼낼 때마다 지난 세월은 퀴퀴한 종이 냄새로 있었고

빛바랜 잉크엔 그 시대를 산 그들만의 이야기가 있었다.

"이제는 더 볼 수 없는 분들도 있고, 이건 가장 친한 친구도 있었는데

 하늘나라 먼저 간 고약한 놈이 쓴 거고, 또 이건 그때 연애편지고…"

"책이 나오면 국립도서관과 국회도서관에 납본 의무가 있습니다. 두 달만 주세요"

'읍니다' 세대와 '습니다' 세대가 함께 보며 그때를 이야기해 보세요

'읍니다'가 '습니다'로 바뀌어 사용하게 된 것은

1988년 한글 맞춤법 통일안과 표준어 규정이 제정되고부터이다.

'라떼 세대'를 말하는 것 중에 '읍니다'만큼 세대를 구분하는 것도 없다.

우선 책 제목에 그것이 적용되었고, 광고 헤드라인도 그것에 맞추었다.

책의 역할 중 하나는 세대를 서로 이해하고 공감의 폭을 확장하는 것이다.

본문의 디자인 컨셉은 '있는 것을 그대로 보여 주는 것'에 충실했다.

찢어진 것은 찢어진 대로, 구겨진 것은 구겨진 편지대로, 쓰다가 지운 흔적,

볼펜의 퍼짐, 얼룩, 그때 통용되던 우표(가격 7원부터 10원), 엽서,

크리스마스카드까지 그대로 스캔해 작업했다.

레트로 감성을 불러 일으키는 편집이라 할 수 있다.

전무후무한 클릭 수를 기록한 이벤트

"안녕하세요. 흔들의자입니다.

신간 나올 때마다 이벤트를 하지만

이번엔 정말 특별한 이벤트를 준비했습니다.

그것은 다름 아닌 '사람을 찾습니다' 이벤트! 찾는 사람은 박주옥 님!

이유를 말씀드리면 지난 9일, 《편지 왔습니다》가 출간되었습니다. (중략)

박주옥 님을 찾게 도와주십시오.

'과연 이것이 성사될 수 있을지', '출판사가 이런 거로 이벤트를 해도 되는지'

글을 쓰는 지금도 의구심과 기대감 반반입니다만…

'SNS는 사랑을 싣고'가 될 수 있다고 믿고 싶습니다."_이벤트 공지 중에서

시쳇말로 '대박이 터졌다'
이벤트를 하면 적게는 300에서 많게는 2,000 정도의
클릭이 보통이다. 내심 기대를 가졌지만,
조회 수 10,000을 넘긴 건 실로 전무후무한 기록이다.
PC·모바일판 노출과, 네티즌의 자진 공유도 있었고
응원 댓글도 많았다. 아직도 그분을 찾지 못했지만
누군가의 마음을 얻으려면 진심을 동반해야 한다.

15 | 美친 편집, 美친 가격
하지마라 하지말라면 하지 좀 마라_흔들의자 지음 박신규 디자인

출간 공백이 길어질 때를 대비한 책.

앞서 출간한《명언 그거 다 뻥이야…》의 돌연변이 버전이라고 할까.

그 책 '뻥이야'는 명언 5,000개의 중에 1,000개를 엄선해 정리한 것인데,

명언 분류 작업을 하던 중, 언제 시간이 되면 많은 명언 중에서

'~~ 하지마라'만 정리해도 책이 되겠다는 느낌이었고 실행에 옮긴 것이다.

책 앞날개에 편집디자인을 담당한 아트디렉터가 쓴 글이 인상적이다.

"꼬고 뒤집고 늘리고 비틀고 숨기고 조금 더 보기 불편한 디자인을 하지 못해

 아쉽다. 작업하는 내내 지루하지 않았다는데 큰 의미를 두며…"

하하하!

책 제목이 주는 메시지는 좀 까칠했는데

타이포그래피에서 '하하하'가 먼저 눈에 들어 왔다.

'아름답게 미쳐보자'란 마음으로 만든 티저광고

생존 명언 / 美친 편집 / 美친 가격 9,800원

책인가! 불량잡지인가!
별별 배드BAD 편집 디자인 에디션

먼저 간 사람이 많으면 길이 된다.

누군가는 길도 아닌 곳을 갔을 것이고

많이 가다 보니 길이 된 것이다.

책을 만드는 일 또한 새로움을 담아

다른 것을 해보는 것도 크리에이터가 도전해 볼 만한 시도이다.

앞서 말한 크리에이터는 창조자와 그 맥을 같이 하니까.

두 개의 미침이다. 하나는 편집에서 또 하나는 가격에서.

책을 구매한 특별한 예가 있는 책으로

편집디자인 학원에서 수강생의 실습교재로

사용해도 되느냐는 문의를 받기도 했다.

편집디자이너(일반도서, 잡지.. 등)라면 책에 있는 디자인을 응용,

더 새로운 디자인을 만들어 주었으면 하는 바람이다.

가벼이 승낙하지

기쁨에 들떠
말고
술 취한 기분에
성내지 말라.

일을 많이

끝나기 전에

유쾌함에 들떠
벌이지 말고
고달프다 하여

그치지 마라.

채근담

모방하라.

모방하는 것을 부끄러워하지 마라. 최대의 가장 근접하게
오히려
오방하려고 노력하라.

브루투스 마우

빌 게이츠

일찍

시드니셸던

타인의 비판을
두려워하지 마라.
시기 적절한 비판만큼
좋은 것도 없다.

아인슈타인

항상 너 자신 현 이 되고,

너를 표 하고,

너 자신에 대한 신념 을 가져라.

성공한 어떤 사람의 성 을 찾고

똑 같이 되려 하지 마라.

이 룡

18소3

더운밥 (찬)

가리지마라.
뱃속에 들어가면
찬밥도 더운밥이 된다.

이건희

책인가! 불량잡지인가!

고혈압 있는 분은 읽다가 119 부를 수도 있습니다

美친편집　美친가격

당신이
할 수 있는 것

이상의 약속을
하지 마라

스티븐 코비

美쳤다! 재밌다! 새롭다!

악마의 편집! 아무 생각없이 몰래 보다가 뿜는다!

美친편집　美친가격

의심스러운
사람을 썼거든
의심하지 말라.

명심보감

하지말라면 하지 좀 마라!

하지 말라는 데는 틀림없는 이유가 있다!

美친편집　美친가격

16 | 영어의 틀을 잡아 주니까, 틀영어
틀려도 좋아 영어 그게 시작이야_최낙훈 지음

어느 특정 분야의 도서만 출간하지 않고 있다.

어느 저자와 연이 맺어질지 모르기 때문에

될 수 있으면 다양한 분야의 책을 내고자 하는 편이다.

저자는 캐나다에서 영어캠프를 운영하는 교포로 소개로 온 케이스,

나 또한 40세에 다시 영어를 공부한 경험도 있어 발간하게 되었다.

영어는 틀리면서 실수하면서 배우는 것이다.

틀리면서 영어의 틀이 잡히는 것이다.

광고를 만들다 보면

비주얼이 여간 신경 쓰이는 게 아니다.

헤드라인에 맞는 비주얼의 표현은

어려운 일임이 틀림없다.

책 광고는 그 부분에 있어 면책이 있는 편이다.

비주얼이 어떻다 거니,

헤드라인 어떠니 하는 것은

전문 광고인의 몫으로 남겨 두면 된다.

외국에 있는 교포도 출판사를 검색한다

저자는 어디에나 있다.

국내뿐만 아니라 국경 너머에도 저자는 있다.

연이 닿지 않을 뿐이다.

소개에 소개를 받든, 인터넷을 검색해 저자가

찾아오든 하늘 아래 저자는 널리고 널렸다.

책을 만드는 한 출판사는 포털에 검색되도록

포스팅을 멈추어서는 안 된다.

출간 종수가 적다는 것은 핑계 아닐까.

책 한 권으로 수십 개의 포스팅 하려 한다면 못할 것도 없다.

아직 만나보지 못한 저자를 만나려면

꾸준하게 포스팅을 하면서 저자를 기다리면 된다.

출판사의 포스팅은 저자를 늘리는 최상의 방책이고 무료다.

재미로 보는 명화 패러디 광고 ❷

2016년 4월 13일 제20대 국회의원 선거일에 맞춘 특별판 광고.

사회적 관심이 어느 한 곳에 집중되어 있기도 하고 투표를 독려하는 마음으로 제작되었다.

<투표하세요> 캠페인 '명화 패러디' 모음

투표장으로 이끄는 여신

유머의 꽃은 슬픈 시대에 핀다.

- 유레카인_'민중을 이끄는 꽃 일꾼단어' 중에서 -

More than just a book

최상의 ⌐투표일⌐ 만찬

4월 13일,
국회의원 선거일이 먹자고 모이는 날이라면
회식도 투표 하세요.

More than just a book

투표하세요 캠페인: ① 〈레오나르도 다빈치_최후의 만찬〉 편

투표일 ⌐인증샷⌐ 미소

4월 13일,
난생 처음으로 투표를 하게 되는 청춘이라면
그날은 먹방 대신 투표 인증샷을!

More than just a book

투표하세요 캠페인: ② 〈레오나르도 다빈치_모나리자〉 편

잡초 ⌐애당초에⌐ 뽑기

당신이 소중한 한 표를 행사한다는 것은
지역 주민을 위해 일하고 봉사할 사람을 찾기 위한 것.
놀면서 월급 챙겨갈 사람, 이젠 솎아 냅시다.

More than just a book

투표하세요 캠페인: 〈밀레_이삭줍기〉 편

미인도 ⌐미남도 아닌 사람도⌐ 한 표

당신의 한 표는 마주보면 두 표의 효과!
한 표는 당신이 원하는 출마자에게 가는 직접적인 표, 그리고
당신을 원하지 않는 출마자에게 한방 먹이는 간접적인 표!

More than just a book

투표하세요 캠페인: 〈신윤복_미인도〉 편

서당은 ⌐심판위에⌐ 없다

당 이유 외울만 하면 없어지고도 생기고,
발당에 분당에 뭉쳤다 흩어졌다.
이러다 대한민국당까지 나오는 거 아닌가 몰라!

More than just a book

투표하세요 캠페인: 〈김홍도_서당도〉 편

후보 ⌐달이든 말물이든⌐ 정했소

4월 13일, 국회의원 선거일 투표장.
소경을 걷듯 아주 천천히 오셔도 됩니다마는
늦어도 오후 6시까지는 오셔야 됩니다.

More than just a book

투표하세요 캠페인: 〈이수민_유안도〉 편

투표안 할 사람과
키스 하지마

4월 13일, 날씨 맑음 예상!
선남선녀라면 투표부터 하고 데이트하세요.
솔로라면? 누가 알아요, 투표장에서 만나게 될는지...

도서출판
좋은 책
More than just a book

정치꾼
최후의 심판

4월 13일, 국회의원 선거일.
4년마다 치르는 선거는 일꾼과 정치꾼의 한판 승부!
정치꾼이 국회에 들어가서야 되겠습니까!

도서출판
좋은 책
More than just a book

투표를 위한
비너스 탄생

제 15조(선거권) 1항.
"19세 이상의 국민은 대통령 및 국회의원의 선거권이 있다."
헌법에 보장된 선거권의 권리, 포기하지 마세요.

도서출판
좋은 책
More than just a book

패러디 광고가 좋은 것은
익히 알고 있는 것을
변형만 잘하면 되는 것이다.
관심을 두고 있으면
훔칠 아이디어는 많다.

투표하러 간날의
고흐의 침실

연휴라는 투표장에 직접 안가고
이불 속이나 거실에서 투표할 날도, 오겠지만
아직까지는 투표장에 가야 합니다.

도서출판
좋은 책
More than just a book

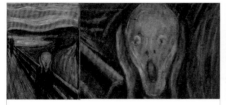

있어선 안 될
발표 때 절규

4월 13일 저녁, 개표 생방송!
싫어하는 후보의 당선 가능성이 점점 높아지는 것이
악몽처럼 상상이 된다면 꼭 투표 하세요

도서출판
좋은 책
More than just a book

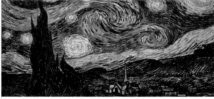

투표한
별이 빛나는 밤에

4월 13일. 깜짝 스타가 나타날 수도 있고,
철옹성같던 후보가 추풍낙엽처럼 사그러지기도 하는 날.
별은 그렇게 생겼다가 없어지는 질서를 윤회한다.

도서출판
좋은 책
More than just a book

Chapter 3

광고에 정답은 없다

광고에 정답은 없다.

'책 광고가 얼마나 대단한 거라고 그것까지 광고로 치냐' 라고 한다면

할 말은 없지만 그 행위가 마케팅의 한 방법임은 틀림없다.

우리가 기억하는 광고는 한마디로 '노출의 결과'다. 노출 빈도에 세뇌된 것이다.

광고표현이 제대로 되었느냐 아니냐의 차이는 당연히 있다.

노출의 빈약으로 죽어버린 명카피, 좋은 광고는 셀 수 없이 많다.

노출 빈도가 뒷받침되었기에 명카피로, 명작광고로 기억되는 것이다.

따라서 책이 발간되면 노출은 많이 되면 될수록 좋다. 광고까지 좋으면 더 좋겠지만.

'아니 이거시' 출간은
'박씨를 물고 온 제비' 같은 것!

"유지수 아나운서님도 책 한번 내 보시죠"
"책은 어떻게 쓰는 거예요"

'도전 나도 카피라이터' 이행시 짓기는

전 국민을 상대로 한 이벤트이니

누가 응모했는지,

무슨 일을 하는지,

어디 사는지 관심 없었다.

단지 이행시 선정작만 고르면 되는 것이기에…

'아니 이거시' 우송할 때 알았다.

수취인: CBS 아나운서국 유지수!

'언감생심'은 이럴 때 쓰라고 있는 말인가 보다.

책이 있는 인물만으로 광고를 만드는 법도 있다

당연한 얘기지만 책의 주 내용은

저자의 직업이나 경험에 의한 성과물인 것이 좋다.

독자는 전문가의 경험과 생각을 돈을 주고 사는 거니까.

앞 페이지에 있는 티저 시리즈 아홉 개는

여름의 그림자만큼 긴 시간 동안 게재되었다.

이런 종류의 책인 경우,

책에 있는 인물(컨텐츠)만으로 광고(결국, 노출) 하기도 좋다.

이때부터 거의 매월 1종씩 출간하는,

'정중동 靜中動' 하게 되는 고마운 책이다.

6개월 동안 매일 방송에 나온 '팝의 위로'

유명인의 책을 발간하면 얻어지는 게 많다.
출간 후, '유지수의 해피송'을 통해
장장 6개월 동안 하루도 빠짐없이
책 제목이 멘트로 나왔다.
책을 만들어 파는 출판사의 처지에서
'고맙습니다'라는 말은 아무리 많이 해도
부족하지 않다.

네이버 오디오북 미리 듣기

CBS 사규 지침 중에 공식적으로 한 행위(출간이든 방송이든)에 대해서는
비록 개인적이지만 회사 집기(회사 물품, 즉 마이크, 녹음실 따위 등) 사용을
허락하는 것도 있는가 보다.

"저, 네이버 오디오북 미리보기 제작 매뉴얼 입수했어요.
매뉴얼 규정대로 녹음해 주시면 아마 네이버에서 메인에 띄워줄 거예요.
오디오북은 이제 시작하는 초기 단계라…"
이 책을 보는 분이라면 네이버 책에서 '팝의 위로'를 검색해
오디오를 들어보시라.
정말 귀하디귀한 비틀즈의 Let it be 탄생에 대한 스토리가
50년 전 녹음으로 나온다. 물론 영어다.

다다익선, 할 수 있는 한 최대한 많은 노출이 최고다

CBS 라디오 방송국을 한 번이라도 방문해 본 분이라면
야외 스튜디오 '통'을 보게 된다.
'유지수의 해피송'도 출간을 기념하여
처음으로 청취자를 모시고 야외 생방송을 했고,
그해 12월 인터파크 블루스퀘어 북파크에서
또 한 번의 북콘서트를 개최했다.

02 | 요즘 '공부 좀 한다'는 10대는 이 책을 보고 있습니다
10대를 위한 완벽한 성장형 공부법_이재훈 지음

베스트셀러 작가가 검색을 통해 스스로 찾아온다는 것,

출판사의 처지로 보면 여간 반가운 일이 아니다.

이 책의 저자 이재훈 님은 전국 최상위권 학생들의 실전 공부 비법을 담은

《최강 공부법》을 출간한 기성작가로 그 책은 베스트셀러에 그 이름을 올렸다.

전작에 이은 책의 내용을 더 구체적으로 알려 주는 이 책의 주 독자는

청소년이지만 이 책을 구매하게 될 대상은 주로 학부모이기 때문에

광고도 그에 맞추어 제작되었다.

> 헤드라인에 '뉴스', '소문', '희소식' 같은 표현은 구매자의 시선을 잡는 중요한 메시지가 된다.

짧은 헤드라인보다

긴 헤드라인이 신뢰를 준다.

긴 글을 읽는 동안

설득될 준비를 하고 있는

것이라 보면 된다.

IT전문가는 빅데이터로 검색한다

온라인 시대를 사는 우리는 책이 나오기 전까지

저자를 직접 만나본 적 없이 진행되기도 한다.

이 책의 경우, 증정본을 가지고서야 저자를 처음 만나게 되었는데,

사는 곳이 서울이 아니란 이유도 있었다.

"대표님, 제가 흔들의자를 어떻게 찾았는지 모르시죠?"

"출판사를 검색하는데, 자꾸 흔들의자가 상위에 나오는 거에요. 여긴 뭐지?"

(저자는 IT 전문가답게 빅데이터를 활용, 검색어도 검색 방법도 일반인과 많이 달랐다.)

그때 알았다. '도전 나도 카피라이터'가 큰일을 하긴 했구나!

서점에 보내는 카드뉴스

서지정보는 책을 구매하게 만드는 처음이자 마지막 액션이다.

독자가 서점의 검색 창에 찾고 싶은 책을 입력하고

해당 도서까지 찾아와 주는 것은 고마운 것이다.

바꿔 말하면 지갑을 열 준비를 하고 정보를 보는 것이다.

클릭 수의 1/100 정도만 팔려도 좋겠지만 그렇지 않은 것이 보통이다.

그렇기에 서점에 보내는 서지정보는 구매와 연결되도록 설득력 있게

작성하는 것이 옳을 것이다.

우측에 있는 그림들은 서지정보와 함께 제작된 카드뉴스이다.

책의 내용을 숙지한 뒤, '다음에 나오는 용어나 문장의 뜻을 설명할 수 있겠느냐'는
메시지로 제작되었다.

과장된 정보는 독자 혹평으로 돌아온다

서지정보나 상세 페이지를 만들 때 주의해야 할 점은

과장된 표현으로 독자를 유혹하지 말아야 한다는 것이다.

예를 들어 과장된 표현으로 판매된 책 한 권이 있다고 보자.

내돈내산한 독자가 서지정보를 통해 얻은 기대치에 책이 부응을 못 한다면

여지없이 별 한 개의 평점과 불편한 서평으로 남는다.

해당 서점에 연락해도 삭제해 주지 않는다.

'영원히 남는다'는 뜻으로 독자 서평에 달린 혹평과 별 하나는

책 한 권을 팔아 얻는 이익보다 손해가 더 크다는 사실을 잊어서는 안 된다.

혹자는 악플도 관심, 무플보다는 낫다고 하지만

평점 별 한 개, 독자의 악플은 두고두고 마음의 상처로 남는다.

다음에 있는 용어나 문장의 뜻을
숨은 의미와 함께 설명할 수 있으십니까?

- □ 블랙스완, 그레이스완
  (Black swan, Gray swan)
- □ 제3의 실업시대
- □ 영국의 러다이트 운동
- □ 붉은 깃발법
- □ 신경 레이스 기술

성장형 공부법

다음에 있는 용어나 문장의 뜻을
숨은 의미와 함께 설명할 수 있으십니까?

- □ 인피니트 스톤
- □ 방관자 효과(구경꾼 효과)
- □ 세상에서 가장 오래된
  대서사시 '호메로스의
  일리아스' 아시죠?
- □ 시지프스의 형벌

성장형 공부법

다음에 있는 용어나 문장의 뜻을
숨은 의미와 함께 설명할 수 있으십니까?

- □ 4차 산업혁명 시대를
  빅뱅파괴의 시대라 한다.
  빅뱅파괴자는 누구인가?
- □ ICMB+AI, Robot
- □ 유니콘과 데카콘
- □ 인사이트(Insight)

성장형 공부법

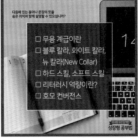

다음에 있는 용어나 문장의 뜻을
숨은 의미와 함께 설명할 수 있으십니까?

- □ 무용 계급이란
- □ 블루 칼라, 화이트 칼라,
  뉴 칼라(New Collar)
- □ 하드 스킬, 소프트 스킬
- □ 리터러시 역량이란?
- □ 호모 컨버전스

성장형 공부법

다음에 있는 용어나 문장의 뜻을
숨은 의미와 함께 설명할 수 있으십니까?

- □ 집단지성
- □ 빅 픽처(Big Picture)
- □ 제우스의 아들 카이로스
- □ 5포 세대
- □ 모쿠슈라(Mo Cuishle)

성장형 공부법

다음에 있는 용어나 문장의 뜻을
숨은 의미와 함께 설명할 수 있으십니까?

- □ 밀레니얼 세대와
  나나랜더 세대
- □ 4차 산업혁명이 이끄는
  현재를 대표하는 키워드는
  '초연결과 불확실성'
  입니다. 동의하시나요?

성장형 공부법

상위 1%의 공부법 비인!
이제 댁의 자녀가 풀어야 할 숙제입니다.

요즘
'공부 좀 한다'는
10대는
이 책을 보고
있습니다.

성장형 공부법

다음에 있는 용어나 문장의 뜻을
숨은 의미와 함께 설명할 수 있으십니까?

- □ 삶은 개구리 효과란?
- □ 피그말리온 효과는?
- □ 메타인지 사이클
- □ 학습과 메타인지 과정
- □ Learning Pyramid

성장형 공부법

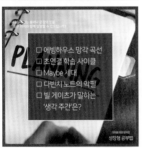

다음에 있는 용어나 문장의 뜻을
숨은 의미와 함께 설명할 수 있으십니까?

- □ 에빙하우스 망각 곡선
- □ 초연결 학습 사이클
- □ Maybe 세대
- □ 다빈치 노트의 악필
- □ 빌 게이츠가 말하는
  '생각 주간'은?

성장형 공부법

다음에 있는 용어나 문장의 뜻을
숨은 의미와 함께 설명할 수 있으십니까?

- □ 스티브 잡스가 말한
  'Think Different'는
  무엇을 어떻게 하라는
  뜻입니까?
- □ 좌뇌와 우뇌의 기능이
  다른 것을 아십니까?

성장형 공부법

다음에 있는 용어나 문장의 뜻을
숨은 의미와 함께 설명할 수 있으십니까?

- □ 나비 효과는 무엇일까?
  (Butterfly Effect)
- □ 스티브 잡스는 왜
  애플 제품과 디자인에
  인문학적 감성을
  강조했을까요?

성장형 공부법

다음에 있는 용어나 문장의 뜻을
숨은 의미와 함께 설명할 수 있으십니까?

- □ 100번의 모의고사를
  풀더라도 틀린 문제는
  계속해서 틀리는
  이유와 그 해결책에
  대해 생각해 보신 적
  있으십니까?

성장형 공부법

다음에 있는 용어나 문장의 뜻을
숨은 의미와 함께 설명할 수 있으십니까?

- □ 실리콘밸리에는
  '페일콘'이라는
  '실패 컨퍼런스'가
  있습니다.
  그들은 왜 그 행사를
  개최하고 있을까요?

성장형 공부법

다음에 있는 용어나 문장의 뜻을
숨은 의미와 함께 설명할 수 있으십니까?

- □ 메디치 효과는
  성정형 마인드셋과
  어떤 연관이 있습니까?
- □ 컴퓨터 게임 레밍즈
  (Lemmings) 아십니까?
  그럼 레밍 신드롬은요?

성장형 공부법

이것은 책인가! 다이어리인가!

내일은 더 잘될 거예요_황순유 지음

두 마리 토끼를 잡는 방법은 있다. 아니 서너 마리를 한꺼번에 잡을 수도 있다.

말처럼 쉽지 않지만 헤드라인 중에 일석이조一石二鳥니, 일거양득一擧兩得이니

하는 말이 쓰인 경우가 많다는 건 그만큼 효과가 있다는 뜻이다.

저자와의 인연은 참 특별하다. 그냥 라디오 DJ와 청취자.

이 책이 나오기 4~5년 전, 황순유의 해피타임 907을 듣던 애청자 중 하나였다.

당시 상황이 어려운 때라 의지가 되었던 클로징 멘트가 있다.

"오늘은 더 잘될 거예요~."

이 한마디가 지푸라기 같은 희망이었음을 부인하지 않는다.

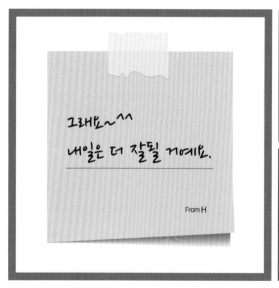

책 제목이 그대로 티저광고에 나온 케이스.

책 제목을 한 번이라도 더 알리고 싶다면

책 제목을 그대로 이용한 전술도 좋은 전략이다.

쑨D를 아십니까?

라디오 채널을 돌리다 목소리에 꽂혔다. 채널고정!

아침방송이었고 저녁방송으로 자리를 옮겼다가 지금은 오후 시간 방송이다.

"저… 오늘 오프닝 멘트, 누가 쓴 거에요. 아주 좋던데…"

"제가 직접 쓰고 있어요…"

(생방송 중 그녀와의 톡이다)

라디오 오프닝 멘트가 책으로 나오다

우리나라 방송 환경에서 라디오 DJ가

직접 방송 오프닝을 쓰는 경우는 흔치 않다.

방송작가가 엄연히 존재하니까.

5년 이상 오프닝을 써오고 있다는 사실도 카톡으로 알게 되었다.

"저… 쑨D, 오프닝 멘트 모아서 책으로 내는 건 어때요"

"어머, 정말요. 저야 좋지요"

"1년 드리면 될까요. 원고 정리할 시간으로"

(1년 뒤, 어느 커피숍)

"정리해 주시느라 수고 많으셨어요.
방송 데뷔 20주년, 가을에 출간될 거니까 지금부터 다 잊고 계세요.
편집은 기대하셔도 됩니다."

삶의 시기마다 만나는 사람도, 가까운 사람도 달라지지만
어느 목적을 가지고 사람을 만나지는 않는다.
만나게 될 운명이라면 어떻게든 만나진다는 걸 알 정도의 나이는 됐다.
억지로 맺어지는 것 또한 연이라고 하면 어쩔 수 없지만
책을 만들면서 대체로 좋은 인연이 계속 이어지고 있다.

읽거양득. 만년 다이어리로 기획된 오프닝 에세이

"굿뉴스입니다. 네이버에서 출간 전 연재 승인받았습니다."

"와~우. 정말 좋고 기쁘네요."

생방송 중에 짧지만 사적인 일로 DJ와 카톡을 하는 건 묘한 흥미가 있다.

'보이는 라디오'로 DJ 행동 하나하나를 지켜보는 재미 외에

'오늘따라 더욱더 신나 보이는 이유'를 나만 알고 있다는 사실은

그것을 경험해 본 사람만이 가질 수 있는 즐거움이다.

저자가 별로 없는 출판사의 경우, 사회적으로 지명도 있는 공인을

저자로 만나게 되는 방법이라면 이 같은 경우도 응용해 볼 만하다.

책방 메인에 오르게 된다는 메시지를
받는다면 유명인을 모델로 하라

물론 책에 그와 연관된 이야기가 있어야 한다,
이 경우는 '빌 게이츠의 설거지 사랑'이었는데
유명인의 등장은 클릭률을 높이는 데 매우 좋다.

'팝의 위로' 북콘서트 1주일 후, 같은 곳에서 열린 '내일은 더 잘될 거예요' 브런치 북콘서트

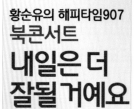

아이디어 천재가 되는 초간단 발상법 생각마법서_박정욱 · 박성민 지음

출판콘텐츠 창작 지원 사업에 선정되어 거금 500만원이 입금된 책이다.
한국출판문화산업진흥원은 1년에 두 차례(보통 2월, 6월)에 걸쳐
출간 예정인 원고를 공모해 지원금을 주는 행사를 한다.
이 원고는 5월에 들어 왔지만 6월에 응모, 8월에 선정, 12월에 출간되었다.
네이버로부터 출간 전 연재 승인을 받은 5월부터 12월 출간 전까지
세 차례 전화를 받은 것이 고맙고 신기하다. 선정되었으니 출간 확정일까지
연재 게재 양해를 구한 것도 있지만 수시로 잊지 않고 체크해 준 네이버다.

수상이나 선정 따위의
호재가 있을 경우,
그것을 최우선으로
보이게 하는 게 좋다.

아이디어 발상법 팝니다

두 가지 좋은 소식을 저자에게 알리는 순간은 목소리 톤이 많이 다르다.
통화하는 내내 서로 격려하고 응원하고 기쁨을 함께 나누게 된다.
책을 만드는 일이 주는 좋은 것 중 하나는 '지식이 늘어남'이다.
책 만드는 사람만이 받을 수 있는 특별한 복이겠지만
책을 만들다 보면 지식이 쌓이는 건 분명하다. 많이 읽게 되니까!
책에서 소개한 20가지 생각마법은 알트슐러 박사의 TRIZ(창의적 문제 해결 이론)
에 바탕을 둔다. 그는 200만 건의 특허들을 분석, 혁신적인 아이디어 속에
숨겨진 공통된 패턴을 발견했다. 그 트리즈 이론을 기반으로
새로운 아이디어를 발견하는 발상법이 핵심이다.

생각마법서

아이디어 천재가 되는 초간단 발상법

좋은 책을 만드는 것은 선행이다

생각마법서 1. 합치기
서로 다른 별개의 것을 하나로 합쳐라.
한 번에 여러 일을 동시에 할 수 있도록 합쳐라.

생각마법서 2. 다용도로 만들기
하나가 여러 가지 일을 할 수 있도록 하라.

생각마법서 3. 빼내기
필요한 부분만 뽑아내라
불필요한 부분을 빼내어 버리기

생각마법서 4. 나누기
하나의 물체를 작게 쪼개기
하나의 물체를 각각 독립되도록 나누기

생각마법서 6. 복사하기
같은 것이나 비슷한 것을 더 만든다.
비싸거나 다루기 어려운 원본 대신
값싼 복사본을 활용한다.

생각마법서 8. 곡선이나 원으로 만들기
직선을 곡선이나 원으로 만든다.
직선운동을 회전운동으로 만든다.

생각마법서 9. 일부를 다르게 하기
모든 부분이 길 필요는 없다.
전체 중에 일부는 다르게 만들어라.

생각마법서 10. 색깔 바꾸기
물체의 색깔을 바꾸기
투명도를 바꾸기

생각마법서 12. 차원 바꾸기
2차원을 3차원으로 바꾼다.
평면을 입체로 바꾼다.

생각마법서 13. 속성 바꾸기
기체, 액체, 고체의 상태를 바꾼다.
크기나 재질과 같은 속성을 바꾼다.
인터넷을 이용하도록 바꾼다.

생각마법서 14. 자유롭게 움직이게 하기
움직이지 않는 부분을 움직이게 하거나
더 자유롭게 움직이게 하기

생각마법서 16. 높이 맞추기
물체를 들어 올리거나 내릴 필요가 없도록 작업 조건을 바꾼다.
물체를 들어 올리거나 내릴 필요가 없도록 높이를 맞추어 준다.
내 눈높이에 맞춘다.

생각마법서 17. 공중부양
물체를 공중으로 띄운다.
물체의 무게를 줄이기 위해서 기체나 액체,
자석 등의 힘을 이용한다.

생각마법서 18. 미리 준비하기
필요한 변화를 미리 가해 둔다.
미리 비상수단을 준비하여
만일의 사태에 대비한다.

생각마법서 19. 중간매개물
어려한 일을 도와주는 매개체를 이용한다.
쉽게 제거할 수 있는 것을 임시로 연결하여
이용한다.

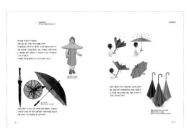

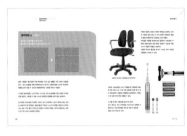

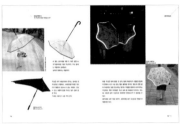

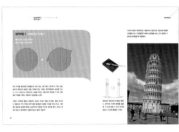

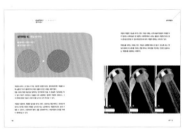

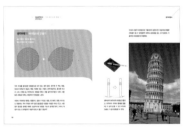

책 미리보기용 자료 이미지는 꼭 만들어야 한다.

포털에 책 제목을 검색하면 '이미지' 라는 카테고리가 있다.

거기에 모두 자동으로 저장된다.

다양화, 세분화 된 네이버 책방. 두드려라, 열릴 것이다

독자와 출판사를 위해 '네이버 책방'은 새로운 변화를 멈추지 않는다.
[책문화X이벤트], [심야책방], [책 속 한 줄]은 아예 없어지고(2021. 01)
보는 책이 아닌 듣는 책, 오디오북 관련 코너도 늘었을 뿐만 아니라
주제별 카테고리도 다양화, 세분화, 전문화되었다고 볼 수 있다.
출판업을 하는 한 매일 한 번이라도 네이버 책방에 들르는 것이 좋다.
새로 나온 책이나 책 제목, 표지의 요즘 트렌드를 알게 되는 것도 있지만
다른 출판사가 한 것(포스팅 방법이나 내용)을 따라 하면 네이버 메인에 오를 수 있다.
신간이든 구간이든 각각의 카테고리 항목에 맞는 컨셉트의 책으로
'책방 문'을 두드리다 보면 메인에 뜨는 기쁨의 순간이 온다.

출간 전 연재 곧 나올 책, 먼저 보는 꿀잼

아이디어 발상법 1회. 세상
에, 이런 우산이 다 있다니!
'생각마법서'

3회.
개의 고향을 찾아
'세상을 바꾼 길들

자기계발 화제의 신간 10 지금 나에게 필요한 책은?

걱정을 잘라드
립니다
탈 벤 샤하르

하루 1분 역사
게임 세계사편
YM

생각마법서
박정욱
흔들의자

연애동의
불변의 법
연애동

| 책문화 | 뉴스 | 디자인 | 부모i | + |

흔들의자 당신의 생각 키우기

메모는 생각 천재들의 공통
점이다
'생각마법서'

질문도 성장할 수 있을까?
'10대를 위한 완벽한 성장형 ...

책 한 권이 '네이버 책방'에 뜰 기회는 몇 번이나 되는지 생각해 본적 있습니까?

메모의 5원칙을 메모해 두세요

1. 그림으로 표현하라.
2. 메모 노트는 항상 눈에 띄는 곳에 보관하라.
3. 메모하는 시간을 따로 마련하라.
4. 다 사용한 메모를 보관하라.
5. 메모를 재활용하라.

_생각마법서 중에서

이 책의 저자는
스무 살 시인 박윤재다.
그는 놀라운 재능을 가졌는데
그것은 '사물이 가지고 있는 마음'을
본다는 것이다.
그의 시를 보면 그것을 알 수 있다.
이것을 바탕으로
티저광고가 만들어졌다.
동·서양 어느 유명 시인도 읊지 못한
'사물이 가지고 있는 마음!'
'사물을 다시 바라보게 하는 것'
특별하지 않은가!

사물을 다시 바라보게 하는 스무 살 시인

놀라움은 여기에서 그치지 않는다.
책에 실린 그림은 모두 그가 그린 것이다.
이 책을 보고 있는 분이라면
다음 페이지에 나오는 시와 그림을
사물의 입장에서 읽어주시길 바라며…

피아노

건반들도
제 소리를 가지고 있지만

그것으로
두고두고 아프다.

사물을 다시 바라보게 만드는 시집
누군가 내 마음을 몰라줘도

우물 안 개구리는
우물 밑 돌바닥이 아늑해서,
우물 위로 보이는 하늘이 아름다워서,
우물 밖 세상이 위험해서 안 나오는 게 아니다.

우물 안에서 커가는 것이다.

우물 안 개구리

사물을 다시 바라보게 만드는 시집
누군가 내 마음을 몰라줘도

아무리 좋은 책도 재구매로 이어지는 경우는 거의 없다

책이란 상품이 일반 상업 용품(주로 소모품)과 많이 다른 것은

책은 아무리 좋아도 거의 재구매가 이루어지지 않는 것이다.

간혹 선물용으로 추가 구매되지만 같은 책을 다시 구매하는 경우는 드물다.

맛난 음식을 파는 곳은 입맛이 당겨 비주기적이지만 재방문도 하고

지인에게 맛집 추천으로 알려지기도 한다.

책이 입소문으로 알려지려면 10,000부는 팔려야 하는데 절대 쉽지 않다.

책을 알려야 하는데 예산 부족으로 활기차게 마케팅할 수도 없다.

'돈이 돈을 버는 논리'는 출판도 예외일 수 없다는 생각이 지배적이다.

부익부富益富의 논리는 출판계에도 오차 없이 적용된다.

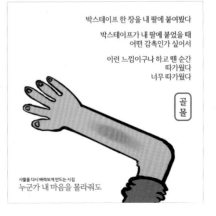

06 | 이것은 예측인가 예고인가!
100년 만의 세계 경제 붕괴 위기와 리플혁명_White Dog 지음

'기술적 분석'만으로 세계 경제 위기를 적중시킨 화제작!

과연 이 예측이 맞을까?

결론부터 얘기하면 맞는 부분이 압도적이다.

한 치 앞도 모르는 게 인생이거늘, 세계 경제를 예측한다는 건

무모한 것일 수도 있다.(코로나19 펜데믹 유행 상황 보름 전 발행).

'기술적 분석'이란 증권가에서 쓰는 전문용어다.

발간 1년도 채 되지 않아 3쇄를 찍게 되는 고마운 책이다.

경제·경영 관련 서적은
시류가 뒷받침되면
뜻밖의 좋은 결과를 가져다준다.
증권이나 암호화폐, 중국 투자… 등
어쩌면 복(?)이 많은 책은
집필되는 순간부터
정해져 있는 것 같기도 하다.

책은 저자에게 삶의 무기가 되어야 한다

발간 전에 했으면 더 좋았겠지만 책이 나온 1개월 뒤,

저자는 유튜브를 시작했고 유료회원만 10,000명이 넘는다.

매달 수익이 발생하니 저자로서는 바람직한 케이스다.

유료회원이 1만 명이 넘는다는 것은

시간과 돈을 투자면서 '돈 버는 공부'를 한다는 뜻이다.

투자할만한 가치가 있으니까 돈과 시간이 투입되는 것이다.

책은 저자에게 생활의 도구로 쓰이는 것이 좋다.

책이 저자를 소개할 명함으로 쓰여서는 안 된다.

책이 수익이 발생하는 모티브가 되는 건 책이 주는 특혜다.

출즉베!! 책방 '화제의 신간'에 오르거나 베스트셀러가 되면 지체없이 광고를 만들어야 한다

출간은 타이밍

책은 타이밍이다.

시기에 맞게 책이 발간되면 많이 팔리는 건 당연하다.

문제는 그것을 예측하기도

그때를 맞추기도 어렵다는 것이다.

발간 며칠 후, 전 세계적으로 팬데믹 상황이 왔다.

백신이 개발되어 접종 중이지만 언제 끝날지 모르는

코로나19는 종식이 선언되지 않는 한 경제에 영향을 끼칠 것이다.

사업은 운이다. 제조업이든 서비스업이든 사업은 운빨이 들어야 한다.

코로나19 같은 돌발적인 전염병도 사업의 운 속에 있는 것이라 생각한다.

팬데믹 상황이지만, 덕분에 호황을 맞은 사업도 꽤 있으니까.

'암호화폐'가 연일 최고가를 경신하면서 덩달아 도서 판매가 호조를 보이기도 하며

하루가 다르게 폭락을 거듭할 경우, 책 주문이 급격히 떨어지는 것으로 보아

이런 부류의 도서는 주가시장의 흐름과 팔자가 같다.

1988년 1월 이코노미스트 표지

새로운 국제 통화를 준비하라!

이것은
예측인가 예고인가!
2018년,
불사조 발 아래
각국의 법정화폐가
불타고 있다.
30년 전 예고되었다.

인류역사상
가장 많은 금 거래

위험한 자산이
될 수 있는 부동산

위기의 나라
중국, 일본, 독일

금과 주식 차트는
정반대로 오르내린다

암호화폐는
안전 자산인가!

리플의
가격 폭발은 가능한가

이끌 수 없다면

이끄는대로 잘 따라다니기라도 하세요

이것은 예측인가 예고인가!
정확한 데이터로 분석한 세계 경제의 사태와 예견

절대 빚 내어 투자

마세요. 부동산이든 암호화폐든, 지금은!!

이것은 예측인가 예고인가!
정확한 데이터로 분석한 세계 경제의 사태와 예견

이 책의 주요 내용

알기 쉽게 설명했다. 정확한 데이터로 분석한 세계경제의 실제와 예견

- 중국의 심각한 문제를 가중시킬 또 다른 큰 원인 '일대일로 사업'
- 1927년 대공황과 닮아있는 현재의 미국 경제 상황 분석
- 미국의 경제 대공황이 다시 도래할 가능성에 대한 논리적 해석
- 대공황 재발 시 달러와 외환의 변동 및 미국 화폐의 역사 이야기
- 중국, 일본, 독일에서 제2의 리먼 브라더스 사태 발발 가능성
- 암호화폐 리플은 달러를 대체하고 외환 준비금으로 편입될 수 있나
- 산업자본-금융자본-외환자본으로 연결되는 글로벌 금융세력의 낌새
- 4차 산업혁명 시대의 필수불가결한 암호화폐의 기획과 의도
- 4차 산업혁명과 경제 공황, 일자리 감소의 연관성
- 4차 산업혁명 이후 다가올 화폐의 대 지각 변동
- 대전환의 시기 2020년~2030년
- 금, 은, 주식, 부동산은 안전자산인가
- 국가의 화폐 통제권 상실 가능성은 있는가

경제, 금융, 외환, 주식, 부동산, 4차 산업혁명,
암호화폐의 미래에 관심있는 분들의 필독도서

07 | 100일 동안 하루 한 편 詩쓰기
하루하루 시작詩作_김기진 외 11人 공저

직장인들이 모여 출간한 시집. 이 책의 저자는 12명이다.

바쁜 직장생활 속에서 매일 하루에 한 편씩 100일 동안

100개의 시를 쓴 것을 모아 출간한 것이다.

코로나19의 폐단은 저자에게도 마찬가지다.

정부의 사회적 거리 두기 방침으로

출간되었을 때 가질 수 있는 추억인 출간 기념회를 갖질 못했다.

참여 인원이 열두 분이니 지인 10명씩만 초대해도 120명.

성황리에 개최되었음은 분명할 텐데….

위대한 시작은 없다. 하루하루 詩作하라

우리말 동음이의어의 재미가 헤드라인으로 쓰였다.

始作과 詩作!

"시작詩作하기 위해 위대해질 필요는 없지만
위대해지려면 시작始作부터 해야 한다"

이 헤드라인은 레스 브라운의 명언을 응용했다.

SNS에서 유명한 유지나, 그녀를 아십니까.

나는 몰랐다.

트위터 팔로우 수가 몇만 명이 되고

공유된 건이 몇천이라는 것을

출간 기획서 보고 알았는데.

몇 번의 경험으로 SNS상의 팔로우 수가

허구라는 것을 알고 난 후라

그런 숫자에 그다지 큰 메리트를 갖지 못했다.

"다른 출판사의 출간여부를 보고 연락주세요"

2개월 후,

그녀로부터 다시 연락이 왔고 초판 발행 후

2개월 만에 2쇄를 찍게 되고,

6개월 후, '지나간다 2 스페셜판'이 출간된다.

☆ 나는 꿈꿔요. 힘들 때 힘이 되기를
☆ 나를 믿어요. 모두 가 잘될 거예요
☆ 나를 찾아요. 아직 힘듦이 남았거든

내 손을 떠난 글은 내 것이 아니다

글 좀 써 본 사람은 즐겁게 쓴다.

자기가 쓰는 글이 즐거워야

남도 즐겁게 읽기 때문이다.

글은 자신을 위해 쓰지만

자기 손을 떠난 글은

내 것이 아니란 것도 잘 안다.

7년 동안 매일, 3~4편의 글을 쓴다는 것은

보통 글발로 되는 것도 아니지만

꾸준함과 우직함은 글쓰기 이상의 가치가 있다.

그녀의 글을 검토할 때,

즐거운 공감(위로, 힐링, 따뜻함, 통찰을 넘은 해탈 + 은유적 표현 등)으로

읽는 내내 이런 생각이 들었다.

'SNS에 유명 작가로 알려진 데는 그만한 이유가 있었구나!'

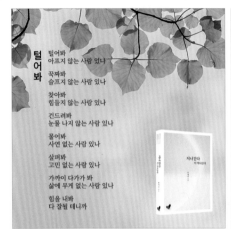
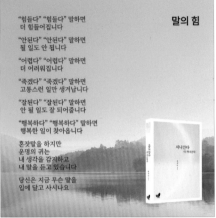
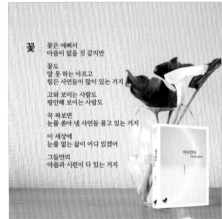
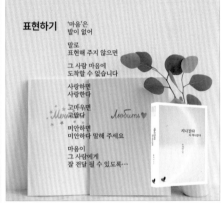

책은 저자가 파는 것이다

SNS는 저자가 되는 통로 중 하나다. 팔로우는 고객으로 유입되기 좋은 조건이지만

저자 하기에 따라 판매는 차이가 있다. 따라서 출간 후에도 포스팅은

계속되어야 하며 염치 불고하고 민망할 정도로 업데이트해야 한다.

책 광고를 하라는 뜻이 아니고 출간 전에 했던 활동을 멈추지 말아야 한다.

유지나 작가는 지금도 하루에 3~4편의 글을 쓴다.

간혹 누가 책을 샀다는 인증샷을 뜨면 감사의 댓글을 다는 정도이다.

책이 하루아침에 많이 팔리는 경우는 거의 없다.

구매자의 뇌 속에 각인될 시간이 필요하다. 100일이든 6개월이든….

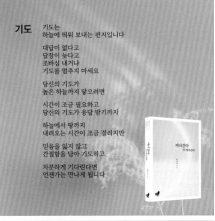

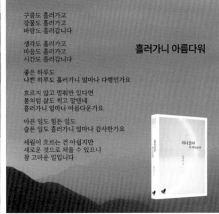

초보 작가가 기획서와 원고를 보낼 때 알아야 할 것

– 보통 3~40개 정도 보내는 것으로 안다. (함께 보내는 수취인 메일에 출판사명이 나오는 경우도 있다)

– 대형 출판사의 경우는 큰 기대를 안하는 것이 좋다. (할 일이 많아 검토할 시간이 충분하지 않다)

– 글쓰기 학원에서 주는 양식에 내용만 바꾼 거 알아요. (어떻게 하나같이 예상 판매 부수가 전부 똑같이 10,000부! 예상대로 10,000부 팔게 되면 저자를 업고 다닐 수도 있다. 차라리 몇 부 판매 보장이 낫다)

– 여러 권의 책을 읽고 정리해서 자기가 쓴 것처럼 포장하지 마라. (검색하면 비슷한 컨셉의 책은 다 있다. 과정을 겪어 결과로 이룬 것을 써라. 글과 실제 행동이 다른 사람을 보고 겪으면서 내린 결론이다)

– 출판사의 답글이 없다고 실망마라. (바빠서 그런 경우도 있지만 우선 돈이 되지 않는다는 판단(출판은 문화 사업이기 전에 돈을 벌기 위한 사업)이고, 내 경우는 마음에 상처받을까 봐 거의 답글을 보내지 않는다)

유지수 아나운서를 다시 만난 것은 《팝의 위로》가 출간된 연말,

서로 감사의 마음을 전하며 '차 한 잔해요.' 정도의 분위기였다.

책 작업에 도움을 준 서병석 PD님도 함께.

이런저런 얘기를 나누다 나온 것이 '아나운서 되는 법'이었다.

그런 부류의 책이 없는 것은 아니지만 아나운서마다 경험이 다르니까

다른 얘기(정보나 경험)가 나올 수 있겠다는 생각이었다.

"새해 초에 전체 아나운서 회의가 있어요. 거기서 공개적으로 제안해 볼게요"

해시태그(#)를 붙일 때, 억지로 만든 신조어 보다는 상식적인 언어를 사용하세요.

#아나운서 #아나운서되는법 #아나운서학원 #아나운서되기 #아나운서면접 #아나운서시험 등

보통 사람의 시각으로 쓰세요. 추상적인 말보다는 직접적인 검색용 언어로 붙여 정면 승부하세요!

책이 만들어지는 순간이 있다

처음엔 아나운서가 되는 방법(학원 선택, 이력서 쓰는 법, 면접 준비 요령 등)을
여러 아나운서의 일반적인 체험수기 정도가 시작이었다.
하지만 출간에 뜻을 모은 그분들의 생각은 좀 더 깊이 있고 냉철한 접근이었다.

"아나운서 실상을 좀 더 리얼하게 알려주는 게 어떻겠냐는 의견이랑,
막연하게 아나운서라는 직업이 멋져 보이는 후배들에게
진심을 담은 이야기를 해주는 책을 만들면 어떨까요"

그 말을 듣는 순간, 머릿속은 이미 인쇄까지 끝나 서점에 배포되고 있었다.
언제까지 원고를 마치면 될지 결정만 해주면 되는 거였다.
책이 만들어지는 순간이 있다.
그 순간이 이어지고 기다림의 끝나면 책이 되는 것이다.

공저가 좋은 이유는 집단지성

생각은 발전한다.

혼자만이 아닌 단톡방에서 대화를 하다 보면 모이는 결론이 있다.

'집단지성'이라 불리는 이것은 더 좋은 아이디어가 된다.

출간하기로 모인 다섯 명의 아나운서. 서로 바쁘다 보니 특별히 시간을 내어

만날 필요도 없고 누군가 어떤 의견을 내면 서로의 이견만 조율하면 된다.

(아나운서는 각자 맡은 시간대 업무가 있으므로 서로 출근 시간, 퇴근 시간도 모두 달라,

책이 나오는 9개월 동안 전체가 모인 적은 한 번도 없다.)

유지수 아나운서를 제외한 다른 분들은 출간 경험이 없었다.

그녀들만의 단톡방에서 조정되고 협의가 이뤄진 사항을 최종으로 논의하면 되는 거였다.

될수록 많은 포스팅을 해야 하는 이유

2020년에 10종이 출간되었지만
한 번도 오프라인 북콘서트를 갖질 못했다.
어쩌면 일생에 단 한 번일 수도 있는 찬스가
코로나19로 인해 묻힌 것이다.
이런 부류의 도서가 스테디셀러가 되는 것이다.
특별하게 많이 팔리는 어느 특정 시기도 없고,
특별히 저조하게 팔리는 때도 없다.
그냥 놔두면 알아서 저절로 팔리게 되어 있다.
단지 출판사가 해야 할 일은 포털 검색에서 상위에 노출될 수 있게
여러 가지 포스팅을 해 놓고 이 책을 구매하게 만드는 것이다.

'마음이 묻고 클래식이 답하다.'

클래식 대중화를 위해 노력하는 피아니스트 송하영 님. 그녀의 지론 중에

'예술은 노동이며 그 대가는 꽃이 아니라 생활 수단이 돼야 한다'가 있다.

이 책이 나오게 된 것은 《팝의 위로》가 출간된 이유와 그 뜻을 같이 한다.

"지금 《팝의 위로》 목차를 보내 드릴 테니 그 컨셉 그대로 클래식에 접목해서

쓰면 됩니다. 위대한 음악가들의 삶에도 아픔이나 시련, 고통, 기쁨이 있을 테니

그들의 삶으로 현재 우리들의 마음을 토닥여 주는 내용이면 됩니다."

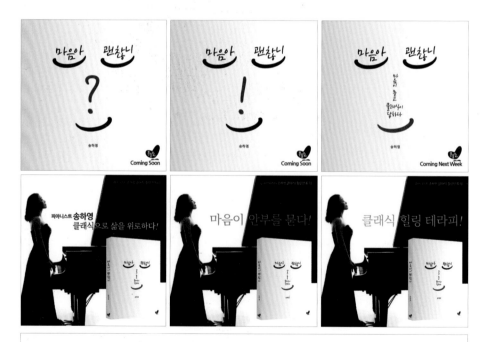

표지를 이용해서 만든 티저 광고와 런칭, 그리고 책미리보기 시리즈 이미지

아프냐? 나도 아프다

어린 나이에 부모를 모두 잃고 홀로 세상과 맞서
버텨야 했던, 말하지 않아도 굳이 설명하지 않아도,
고단했을 것이 분명한 그의 삶.
그 오랜 나날의 축적 또한
개인에겐 지엄한 역사일진대.
그 지난하고 또 지난하였을
나날의 축적들이,
노래한 믿음의 고백이,
이 곡에서만큼은
그리 결연하지 아니하다.

피아니스트 송하영 클래식 힐링스토리
요한 세바스찬
바흐
예수는 온 인류의 기쁨
Jesu, Joy of Man's Desiring

흙수저가 흙수저에게 전하는 위로

어린 나이에 엄마를 여의고 가난한 집 삼형제의
장남이자 가정폭력의 피해자인 이 남자, 베토벤.
요즘 말로 한다면 흙수저의 전형이다.
늘 돈이 없었고, 돈이 없으니 가난했고,
가난했으니 외로웠고,
외로웠으니 술을 가까이 했고,
그러다 보니 건강은 별로 좋지
않았으며 급기야 음악가에게
생명과도 같은 청력까지
마침내 잃게 된 비운의 종합세트.

피아니스트 송하영 클래식 힐링스토리
루드비히 반
베토벤
피아노 소나타 8번 '비창' 2악장
Piano Sonate No.8 'Pathetique' 2nd

가난한 예술가의 영예로운 죽음

슈베르트도 베토벤 못지않은 흙수저의 전형이었다.
사랑에 실패한 한 청년의 방황과 아픔을 담은 곡.
슈베르트는 깊어가는 병마로
자신의 삶은 얼마 남지 않았음을 직감했다.
가난한 예술가가 건강마저
신통치 않다면 생각할 수 있는
가장 영예로운 선택은
끝까지 예술가로 살다가
그저 담담히 죽음을 맞이하는
것일 뿐이다.

피아니스트 송하영 클래식 힐링스토리
프란츠 페터
슈베르트
보리수
Der Lindenbaum

'평범하다'는 축복

인류에 전공 불문 천재라는
이름의 고유명사로 남은 그 이름 모차르트.
모차르트도 역시 가슴 아픈 삶을 살았던 천재였다.
모차르트의 도피와 안식은
위악이었다.
지나친 밝음, 순수함 뒤에
숨은 모습은 절망이었고
나약함이었다.
그러한 자아의 괴리로 생기는
자기혐오는 술로 달랬었다.

피아니스트 송하영 클래식 힐링스토리
볼프강 아마데우스
모차르트
작은 별 변주곡
Ah, vous dirai je maman K.265

코로나가 준 보상도 있다

코로나19로 인해 대학입시 피아노 레슨이며 강의가 끊긴 상황은
송하영 님에게 이 책을 쓸 시간을 주었기 때문이다.
수입이 없는 매우 어려운 상황을 책 쓰는 동안
잊을 수 있었다고 그녀는 말했다.
책이 출간되고 한 달도 채 되지 않아
서울의 모 구청으로부터 랜선 강의 요청을 받아
강의하게 되는 건 코로나19가 준 보상 아닐까.

마음아 괜찮니 ?

마음아 괜찮니 출간기념 서평 이벤트

❶ 다음 빈 칸에 들어갈 본 도서의 [부제목]을 써 주세요.
마음이 묻고 □□□□이 답하다

❷ 서평 남기실 곳, 2개 이상을 적어 주세요.
(교보문고, YES24, 인터파크, 알라딘, 영풍, 밴드, 개인 블로그, 페북, 인스타... 등 SNS)

더 자세한 서평은 본문을 확인하세요

줌의 시대, 아줌마가 떴다!

코로나는 우리의 일상을 바꿔 놓은 것뿐만 아니라 강의 패턴 자체를 바꿔 놓았다.

이 책의 저자는 13년째 매월 포럼을 개최할 만큼 HR(Human Resource) 분야의

전문가이다. 개인과 조직의 관점을 변화시키는 교육을 전문으로 하는 그 역시

코로나19가 주는 폐혜를 피해갈 수 없었다. 대면접촉이 제한된 상황에서

돌파구를 찾은 건 ZOOM. '전화위복', '새옹지마'는 시의 적절한 표현이다.

줌으로 강의 시간도 많아지고 수입도 훨씬 더 늘었다.

줌으로 강의나 회의를 주최하는 분들을 위한 실용서이다.

이벤트를 꼭 출간 후에 하라는 법은 없다.
이 책의 경우, 독자의 관심을 끌기 위해
'신간도서명 맞히기' 이벤트를 먼저 했다.
2번, 3번의 제목이 많은 득표수를 얻었고
'아줌마'는 그렇게 탄생했다.

아는 만큼 보이는 줌zoom 활용법

코로나19로 인한 비대면 시대에

손꼽을 만하게 크게 성장한 기업을 찾는다면

ZOOM을 개발한 회사가 아닐까 싶다.

사용상의 편리성이나 접근하기 좋은 대중성은

코로나 시대를 '줌의 시대'로 바꾸어 놓았다.

ZOOM을 활용한 온라인 진행은 '안정적 운영'이 최우선이다.

생방송으로 진행되기 때문에

단순한 실수라 하더라도 치명적인 결과를

초래하는 경우가 있기 때문이며,

주최자는 발생하는 문제를 즉시 해결할 줄 알아야 한다.

광고 헤드라인은 제품의 속성을 담는 것이 좋다

이 책이 나온 목적은 분명하다.

ZOOM을 사용하게 될 주최자(PD, 온라인 방송도 방송이니까 저자는 PD라 칭했고, 이 책의 컨셉도 ZOOM PD 전문가 육성하기다)에게 화상회의, 온라인 Live 교육의 안정적 운영을 위한 방법을 제시하고 있다. 그것을 알려 주는 것이 헤드라인으로 나온 것이다.

"아줌마가 다 알려 주고, 다 가르쳐 ZOOM"

"아줌마가 다 도와주고, 다 챙겨 ZOOM…."

그러니 '아줌마' 한번 믿어 보라!!

광고는 광고답게, 재밌게 만들어야 한다는 것이 지론이다.

온라인으로 개최된 북콘서트

어쩌면 당연한 흐름이었으리라.

저자가 화상회의 전문가이니

출간을 기념할 북콘서트를 ZOOM으로

개최한 것은 당연할 수도 있다.

화상회의의 좋은 점은 지역을 가리지 않는다.

서울, 대구, 부산… 전국에서 참여한 이벤트였고

그 영상은 유튜브에 남겨져 있다.

궁즉통窮卽通! 궁하면 통한다고 했다.

고정관념을 버리면 새로운 방법이 보인다.

12 | 뇌를 알면 글쓰기가 쉬워 진다
글 쓰는 뇌_고학준 지음

뇌를 알면 글쓰기가 쉬워 진다.

그냥 글을 쓰는 것과 좋은 글을 쓰는 것은 엄연히 다르다.

글쓰기는 가장 대표적 정신 활동이지만 좋은 글을 쓰지 못하는 이유를 찾으려면

뇌를 들여다보라 한다. 저자는 뇌를 책으로 공부한 사람으로 세 번째 도서이다.

뇌과학자는 아니지만 기출간된 도서가 그 분야와 연관이 있듯

강의를 통하거나 SNS로 물어 오는 질문이 대부분이 뇌에 관한 이야기다.

뇌와 글쓰기, 작가의 뇌, 독자의 뇌, 창작의 뇌로 구분해서 알려 주는 책으로

포털 검색을 통해 연이 맺어진 경우다.

헤드라인은 이렇게 써 보세요

- 어려운 말도 쉬운 말로 고쳐 쓰세요

- 타깃에 맞춘 글로 관심을 유도하세요

- 짧은 글보다는 설명이 있는 긴 글이 더 효과적입니다

- 독자에게 이기심(이익)에 접근하도록 쓰세요

- 일반적인 것보다는 구체적 표현으로 믿음을 주세요

- 증거가 되는 숫자를 쓰세요.

  숫자는 주목률을 높이는데 좋습니다.

- 소비자가 제품을 쓰게 될 모습을

  상상(시간대, 장소, 상황)하게 만드세요

힘들 때 힘이 되는 글귀

지나간다 다 지나간다 2_유지나 지음

출판 10년이 되니 물류창고에 10,000권이 넘는 책이 있다.

개중에는 표지에 먼지만 쌓여 가는 책도 있지만

대체로 순환이 잘 되는 편이다.

우공이산愚公移山 우보만리牛步萬里라 했다.

(어리석어 보여도 조금씩 흙을 옮기면 산을 옮길 수 있고, 소걸음이 느려도 만 리를 간다)

우리의 힘든 삶도 견디다 보면 이 책의 제목처럼 위로가 될 것이다.

지나간다 다 지나간다. 살다 보면 다 살아진다. 그게 삶이고 진리다.

해시태그(#) 다는 법

포스팅하는 마지막 단계에서
귀찮지만 잊지 말아야 할 것이 있다.
해시태그는 포털에 검색할 때,
노출될 수 있는 중요한 요소이다.
포스팅 제목(허용되는 글자 수만큼)에도
책 내용 키워드를 쓰는 것은 당연,
본문에도 그 단어가 있어야 하며
끝으로 해시태그를 달아야 하는데
귀찮더라도 허용된 개수 만큼
다는 게 정답이다.
(네이버 블로그 30개, 네이버 포스트 10개)
C-Rank가 작동하는 원리 중 하나는
검색어로 쓰인 해시태그이다.

E-Book 출간이다.

종이책 발간 후, 그것을 E-Book으로 출간한 경험이 있지만

처음부터 오직 전자책만을 출간한 경우는 처음이다.

이 책의 저자는 미국에서 변호사로 활동하는 교포이다.

지인의 소개로 시작된 이 전자책은 양이 방대하다.

종이책으로 4X6, 16절, 500페이지가 넘는

분량(E-Book으로 1,000페이지가 넘었다)으로

작업 시간이 긴 것도 있지만

저자의 미국 거주로

모든 과정이 메일로만 진행되었다.

티저광고부터

'다시, 미국으로!'가 나온 이유는

트럼프 시대로 인해 추락한

미국의 국격 회복과

이 책의 본질인 이민과 비자 취득 등

미국으로 가자! 라는 뜻의 표현이다.

하나의 메시지로 책의 컨셉트를 포지셔닝 하라

아무리 좋은 광고도 노출의 뒷받침 없이 기억되는 광고는 없다.

그동안 만들어진 수많은 광고 중에

누가 보아도 잘 만든 99,999점짜리 광고가 왜 없겠는가.

문제는 그 광고가 집행되는 예산의 문제로

그 광고를 기억하지 못하는 것이다.

책 광고의 경우, 여러 가지 헤드라인을 쓸 수도 있겠지만

하나의 메시지를 계속 전달하는 것도 좋은 방법이다.

책 광고 헤드라인이 비슷비슷하다고 뭐라고 말할 이도 없겠지만,

발간 후 시간이 지나 누군가 키워드 검색을 통해 볼 때 광고는 부활한다.

몇 번 얘기하지만 단지 '검색 + 노출'을 위해 포스팅해야 한다.

봉급생활자의 돈 공부
더 늦기 전에 돈 공부 좀 하시죠_김대홍 지음

탈무드에 이런 말이 있다.

"사람의 마음에 상처를 입히는 세 가지는 '번민과 불화와 비어있는 돈지갑'이다.
그중에서도 가장 큰 상처는 '비어있는 돈지갑' 때문이다."

일반적으로 사업하지 않는 이상 정년이 되면 퇴직을 하게 된다. (출판업은 정년이 없다.)
평균수명이 늘어 100세도 산다는 요즘,
길어야 직장생활 30년이면
50대 후반이나 60대 초 정도 나이다.
나머지 노후생활 30년 동안 두둑한 지갑이면
편안한 인생이 되겠지만 그렇지 못할 경우
사는 건 고통일 수도 있다.

어쩌면 직장생활보다 더 긴 은퇴 후 노후생활을
어떻게 대비하고 있는지를 묻고,
어떻게 월급을 운용할 것인가를 제시한다.
이런 책은 남보다 먼저 만나는 게 좋다.
직장인의 돈 공부는 빠를수록 좋다는 뜻이다.
책을 읽고 만드는 중, 이 책을 읽게 될
독자에게 묻고 싶은 게 생겼고
그것을 헤드라인으로 썼다.

"지난달 받은 봉급 중에
  은퇴 후 노후생활 30년을 위해
  대비하고 있는 돈은 얼마나 됩니까?"

블로그(포스트)의 신뢰도를 평가하는 알고리즘이 'C-Rank'

1) 주제별 관심사의 집중도는 얼마나 되고(Context),

2) 생산되는 정보의 품질은 얼마나 좋으며(Content),

3) 생산된 콘텐츠는 어떤 연쇄반응을 보이며 소비/생산되는지(Chain)를

4) 파악해 얼마나 믿을 수 있고 인기 있는 블로그인지(Creator)를 계산합니다.

_주제별 출처의 신뢰도와 인기도를 반영하는 C-Rank 알고리즘 중 일부 수정.

쉽게 말해 검색 상위에 오르려면

1) 검색하는 사람이 Search 하기 좋게 제목에서 명확하게 제시하고

2) 정보가 되는 유익한 내용을 제공하는 게 좋은 것이며

3) 좋아요, 댓글, 공유가 많으면 많을수록 좋다는 것이고

4) 그것을 인공지능이 저장하고 있다가(신뢰도) 검색 상위로 띄워 준다는 뜻이다.

팁이라면, 매년 한글날이 다가오면 '제54x돌 한글날'이란 타이틀에
뒷자리 x만 바꾸어 3년간 C-Rank를 테스트했다. 해마다 검색어 상위에 뜬다.
이것이 말해 주는 것은 검색되기 위해 귀찮아도 수정을 해야 한다는 뜻이며
C-Rank는 그냥 기계일 뿐이라는 것을 말해주는 것 아닐까?

《음대로 가는 길》,《간호대로 가는 길》에 이은

대학으로 가는 길 시리즈 세 번째 기획도서《한의대로 가는 길》이다.

저자는 한의원을 운영하는 한의사로 '내 몸은 내가 고치자' 라는 이유가

한의과 대학으로 입학, 한의학을 공부한 계기가 되었다고 한다.

대학으로 가는 길 시리즈는 앞으로도 계속 나오겠지만 이런 컨셉트의 도서는

꾸준히 판매되고 특히 수능 원서 접수 시기가 되면 더 많이 팔리는 것은

증명된 사실이다. 출판사는 포털에 검색되게 만들어 놓기만 하면 된다.

특이 사항은 발간 5개월 내 가장 많은 구매층은 40대 여자, 엄마다!(YES24 구매자 분석)

☆ 한의사의 직업 만족도는
어느 정도인지 알려줍니다

☆ 한의사의 수입은
얼마나 되는 지 알려줍니다

☆ 한의사 직업을 체험할 수 있는
방법을 알려줍니다

☆ 해외에서도 한의사로 일할 수
있는 여러 가지 방법을 알려줍니다

AIDA, AIDMA, AISAS & SAIDA

광고학개론 첫 수업시간에 배우는 것 중에 AIDA論이 있다.

워낙 기초적인 것이라 아는 분도 꽤 많은 아이다는

Attention, Interest, Desire, Action으로 소비자가 구매까지 이르게 하는

단계를 정리한 것, 인지〉관심〉욕구〉구매 등 4단계이다.

시간이 흘러 AIDA는 AIDMA(Attention, Interest, Desire, Memery, Action)로

한 단계(Memery 추가) 더 구체화되는데 20세기 말, 인터넷의 막강한 파급력으로

AISAS(Attention, Interest, Search, Action, Share)까지 등장했다.

인지〉관심〉검색〉구매〉공유가 그것이다.

이론이란 그것을 많이 연구한 사람이 내린 정의로 나는 그것을 이렇게 말하고 싶다.

Search, Attention, Interest, Desire, Action.

(이미 광고를 보고 알거나 공유된 것 또는 사고 싶은 것을)

먼저 검색 Search를 통해, 그 제품에 대한 광고로 주위를 끌게 하고 Attention,

관심(가격, 성능, 정보 등 비교)을 갖게 해 Interest, 구매욕구 Desire를 자극,

구매하게 만드는 Action. 즉 SAIDA! '사이다'. 외우기 쉽다고 생각한다.

용어야 아무렴 어떤가, 어떻게든 광고가 노출되어 구매로 이어지게 해야 한다.

17 | 문학과 한의학의 조화로운 상생(相生)

緣연_사랑은 시처럼 오지 않는다_김판규 지음

시절인연時節因緣 말이 있다.

'모든 인연에는 오고 가는 시기가 있다'란 뜻으로

굳이 애쓰지 않아도 만나게 될 인연은 만나게 되어 있고

아무리 애를 써도 만나지 못할 인연은 만나지 못한다는 불가용어이다.

이 책은 어느 명의名醫의 삶과 인생을 픽션으로 극화한 자전적 장편소설이다.(544p)

달달하고 풋풋한 사랑 이야기로 시작, 한의대 생활, 임상의 대가를 찾아가 고생 끝에

명의가 되는 여정과 한의학 임상이론, 난치병 치료사례를 담은 한방임상실용서.

문학과 임상이 조화를 이루지 않으면 창작할 수 없는 작품으로 처음 발간한 소설이다.

명작(名作)이란 컨셉은 마음에 숨겨 두었던 단어이며 포지셔닝이다. 명작이란 말이 주는 속성과 뜻이 어울릴만한 제품을 만나게 되면 그게 바로 연(緣)이다.

제품의 철저한 분석이 광고의 시작

책 제목이나 광고를 만들 때 우선으로 해야 할 것은 철저한 제품의 분석이다.
책의 경우는 될 수 있으면 본문을 여러 번 읽어 저자의 심중을 꿰뚫는 것이고
일반 상업 제품의 경우는 기획서 파악은 기본, 제품을 여러 번 사용해 보는 것이다.
구매자(소비자)가 얻게 되는 이득을 먼저 알아채야 하며 홍보에 적용해야 한다.
때론 예상을 넘는 반가운 표현을 보게 되는데 이는 책을 만드는 또 다른 기쁨이다.
"보물이 군데군데 묻혀있는 밭을 산 기분이다." _교보문고 독자 서평 중에서

| '읍니다' 세대와 '습니다' 세대를 잇는 레트로 감성 종합 힐링 세트
67년생, 바람의 기억_김재복 지음

풀빵, 연탄, 흑백 텔레비전, 수제비, 양은 도시락, 꺼벙이 만화책….

흔히 레트로 감성을 말할 때 단골로 등장하는 추억의 물품들

이 책의 저자는 50대 중반, 80년대 학번으로 지칭되는 586세대이며 의사이다.

"인생의 급브레이크를 한번 밟아주고 리부팅 하지 않으면

몸과 마음이 더는 버티기 어려운 정도가 되었어요."

한마디로 '기진맥진氣盡脈盡'. 의사는 자기 처방으로 추억을 되감기 했다.

한 다리 건너가 아니라 두 다리 건너 연이 된 케이스로

누가 보든 안 보든 꾸준히 좋은 책을 내야 하며 소개로 오는 경우도 많다.

왼쪽 위: 신간 나올 때마다 재미로 만드는 광고. 시기에 따라
적당한 헤드라인으로 만듦. 4부에 17개의 例를 몰아 실었다.
왼쪽 아래: 티저. 배경 이미지는 '한글 자판 연습'이 모티브다.
오른쪽: 런칭광고.
오른쪽 페이지: 책 미리보기 유지광고. 레트로 감성 소재로
만든 시리즈 광고. 이런 것은 수십 개도 만들 줄 알아야 한다.

좋은 소문은 신규 저자 유입으로 이어진다

저자를 만나게 되는 경로는 많지만 소개받아 오는 것만큼 확실한 것도 없다.
최근 2년간 발행 도서의 40% 정도는 물어물어 흔들의자를 찾아 온 경우이다.
그런 연유로 성실하게 책을 잘 만들 필요가 있다.
'67년생 바람의 기억'에 반가운 인용, '청춘예찬' 앞부분 몇 줄이 있다.
저자와 거의 동시대를 살아서인지 국어책에 나온 그것을 반가움으로 읽었다.
이 외에도 '신록예찬', '제망매가', '사모곡' 등 여러 편이 나오지만,
필자의 경우, 국민윤리에 나온 '성실誠實'이란 말이 주는 뜻을 잊지 않고 있다.
誠은 言+成으로 '말의 이룸', 實은 열매 실, 즉 '말의 이루어 열매를 맺음'이다.

출판업을 하면서 가장 무서워해야 할 것은 부도

작든 크든 출판업은 사업이다. 출판 10년을 하는 중에 사회적으로 뉴스가 된 것이
'송인서적'과 '서울문고'의 부도이다. 기사에 난 부도액은 발행된 어음을 결제하고
남은 잔액으로 부도는 단돈 10,000원에도 난다. 작은 출판사가 부도를 낼 만큼의
어음을 발행하지도 않겠지만(주로 받는다) 사업을 하면서 가장 조심하고 유념해야
할 것은 부도다. 필자도 경미한 피해를 보긴 했지만 부도를 예측할 줄 알아야 한다.

출판을 시작할 때부터 이 책을 만들어야겠다는 생각은 없었다.
광고를 재미로 만들기 시작했고, 10년 동안 재미가 쌓이다 보니 의미가 되었다.
어쩌면 이 명언을 보았을 때 각인된 '잠재의식의 분출'일 수도 있다.

"당신이 읽고 싶은 책이 있는데 아직 그런 책이 없다면 당신이 쓰면 된다."_토니 모리슨

'대체할 수 없는 존재가 되면 좋겠다.'는 생각은 예나 지금이나 별 차이는 없다.
언제가 될지 모르겠지만 누군가에 의해 이 책을 대체할 수 있는 도서를 만나려면
적잖은 시간과 노력, 이야깃거리가 있어야 할 것이다.

티저광고 두 편(왼쪽), 메인 비주얼로 런칭광고의 모둠이다.
이는 '데몬스트레이션 표현'으로 불리는 광고기법 중 하나로
볼거리를 위해 여러 가지 예시 그림을 넣는 방법이고,
오른쪽은 '흔들의자 출판 10년 기념' 런칭광고.

출판사는 망하지 않는다

35,626(2010), 44,148(2013), 53,574(2016), 62,983(2019). 3년마다 만 단위의 숫자가 바뀔 만큼 출판사는 증가 추세에 있다. 그중 1년에 1종 이상을 출간하는 곳은 7,930개(12.6%), 무실적 출판사가 55,053개(87.4%)로 1~5종 출판이 8.9%, 6~10종 출간이 1.5%이다.(KPIPA 출판산업 동향(2020년 상반기) 자료 참조 분석)

긍정으로 말해서 1년에 7~8종을 출간하면 업계 종수 순위 1%에 든다고 볼 수 있다. 지식의 전달자로서 사명과 자존감을 가지고 해볼 만하지 않은가!

출판사는 망하지 않는다. 출간이 끊겨 스스로 몰락의 길을 가지 않는 조건이다. 출판사 규모에 맞는 적정한 종수가 출간되는 한, 매출 차이는 있겠지만 망하지 않는다. 출간 종수가 늘수록 기본적 수익은 더 커지는 구조이기 때문이다.

安分知足안분지족! 욕심내지 않고 책 만듦을 즐기는 한 출판사는 망하지 않는다.

광고에 정답은 없다.
'시리즈 광고 만드는 기법'을 알려 주는 책이라는 것이 이 제품(책)의 포지셔닝 전략이다. 물론 출판업에 종사하는 대상에 한정 지어 광고를 만들 수도 있지만 광고마케팅에 관심 있는 사람까지 구매층을 더 넓히겠다는 전략적 전술이다.

多 있습니다
저자 만나는 것부터 책 광고하는 방법까지

퍼블리싱
광고마케팅

PUBLISHING
ADVERTISING MARKETING

다른 출판사는 책광고를 어떻게 할까?

흔들의자 지음

흔들의자
출판 10년
기념작

어느 출판사의 홍보전략 이야기
한 송이 국화꽃을 피우기 위해 소쩍새는 봄부터 8개월을 울었지만
이 한 권을 만들기 위해 10년 동안 광고 8,000개를 만들어야 했다

龍

I appreciate your hard work.
Thank you for your effort.
Thank you so much for your support.
Thanks for all your trouble.
You've done a good job.

Adieu 2015

My Facebook Friends
Merry Christmas 2012

친구로 남기로 했어요

Adieu 2015

전도양양 의계양양

2015

올해는 병신년
마음은 을씨년
어쨌든 2016년

뻥
2017년
모든 나쁜 것들이
뻥 이기를

Chapter 4

좋은 책을 만드는 것은 선행이다

Basic Color Chart : 디자인 작업할 때 이용하세요

흔들의자의 뿌리는 휴머니티, 무기는 크리에이티비티

해가 바뀔 때마다 어김없이 새해 카드를 만들어 배포한다.

이는 가까운 지인이나 저자들에게 자연스럽게 안부를 전하는 행위이기도 하지만

새로운 저자(소개든 찾아오든)를 만나게 되는

그야말로 일거양득一擧兩得의 효과가 나타나기도 한다.

저자를 만날 수 있는 여러 가지 경우가 있겠지만

이미 알고 있는 분들의 머릿속에 출판사 존재를 각인시키기에

이보다 더 좋은 마케팅 방법이 있을까 싶다.

물론 비용 또한 들지 않는다.

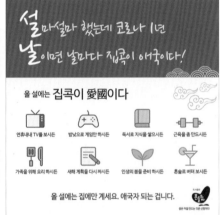

NOW, Year Two Thousand Nineteen!

20 19 今

일은 화끈! 사랑은 후끈! 사람사이는 찐끈!

템포 루바토 2018

뒤처진다고 불안할 것도
앞서간다고 우쭐할 일도 아닌
인생도 '템포 루바토' 처럼 · · ·

(어느 피아니스트의 서시 _) 중에서

뻥

2017년
모든 나쁜 것들이
뻥이기를

올해는 병신년
마음은 을씨년
어쨌든 2016년

새해 복 많이 받으세요

흔들의자
도서출판 흔들의자

HAPPY NEW YEAR

전도양양 의기양양

50일 만에 다시 맞는 을미년 새해는 선물이다!

새 마음, 새 각오로
다시 시작하란 뜻으로
을미년 새해를 맞자,
양!때에는 선물꾸러미~.
희망으로 풀자!

From 영어에뱀밥

2015

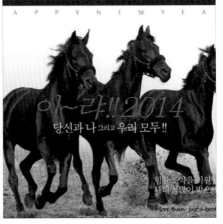

APPY NEW YEA

아~랴!! 2014

당신과 나 그리고 우리 모두!!

힘찬 ! 마음 ! 1원!
새해 복많이 받으셔

More than just a book

❶ 코로나 묻고 더블로 갑시다(2021년) ❷ 올 설에는 집콕이 애국이다(2021년) ❸ 2020운수대통(2020년)
❹ 돼지해야, 날 살려라(2019년) ❺ 19금(2019년) ❻ 템포루바토(2018년) ❼ 모든 나쁜 것들이 뻥이기를
(2017년) ❽ 올해는 병신년(2016년) ❾ 전도양양 의기양양(2015년) ❿ 이~랴!(2014년)

저자의 밤을 가져 보세요

2020년은 코로나로 인해 '흔들의자 저자의 밤'을 갖질 못했다.

출판사를 운영한다면 언제라도 꼭 해보길 강력히 권유한다.

저자들끼리는 서로 모르는 사이지만

같은 출판사에서 책을 냈다는 공통분모가 있어

그 이유만으로도 좋은 연대감을 갖기에 충분하다.

'저자의 밤'은 출판사와 저자에게 예상보다 훨씬 더 많은 걸 가져다준다.

좋은 책은 좋은 사람을 만나게 한다.

(새해카드뿐만아니라 송년카드도 만들어 배포하면 좋다)

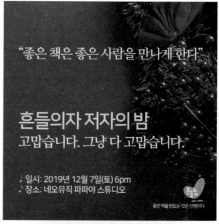

저무는 2016 병신년,
마음은 을씨년하지만
잘가요, 수고했어요. 그대.

뻥

좋은 책을 만드는 것은 선행이다

친구로 남기로 했어요

Adieu 2015

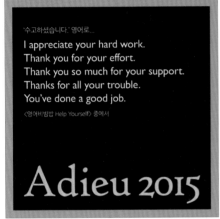

'수고하셨습니다.' 영어로...

I appreciate your hard work.
Thank you for your effort.
Thank you so much for your support.
Thanks for all your trouble.
You've done a good job.

<영어비빔밥 Help Yourself> 중에서

Adieu 2015

Good bye~, 2013

페친 여러분~!
올해도 살아남으시라
노고 많으셨습니다.
그리고 고맙습니다.

오늘 밤,
당신에게
산타가 선물은 못 줄 망정
다시 쉽수 있는 용기나 희망, 지혜 따위
돈 안들면서
리 딱딱 나는 거
나 좋고 남 좋에 만드는 거
내년 크리스마스 또 올 때까지
두고두고 생각나게 하는 거
잔뜩 풀어놓고 휙 커니 뜨지 마시고
당분간 같이 있어 주기시옵…

My Facebook Friends
Merry Christmas 2012

龍. 떠나다!
아듀~2012!

페친 님들,
지난 한 해 써비이벌을 위해
수고 많으셨습니다.

❶ 코로나 네버 어게인(2020년) ❷ 흔들의자 저자의 밤(2019년) ❸ 무술년 송년카드 (2018년)
❹ I'll miss you(2017년) ❺ 뻥~(2016년) ❻ 친구로 남기로 했어요(2015년) ❼ Adieu 2015(2015년)
❽ Good bye 2013(2013년) ❾ 메리 크리스마스(2012년) ❿ 용, 떠나다!(2012년)

재미로 즐기세요

달 달 달 달…

달은 1년에 두 번 크게 떠오른다. 소원 빌라고.

정월 대보름과 한가위 추석.

이때도 서로의 안부를 묻기에 좋은 시기이다.

재미를 찾아 적절한 의미만 부여하면 된다.

일이라 생각 말고 재미로 즐기면 되는 것이다.

못해서 안하는 것이 아니라 안해서 못하는 것이다.

아무 것도 하지 않으면 진짜 아무 일도 일어나지 않는다.

같은 달님, 헤드라인만 바꾸어도 광고는 된다.

이것을 보고 '광고, 이현령비현령이네.' 한다면 당신은 하수는 아니다.

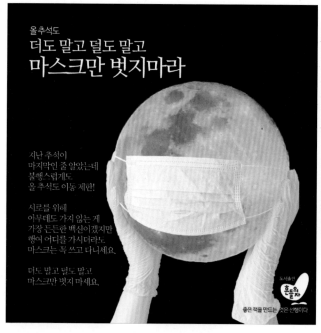
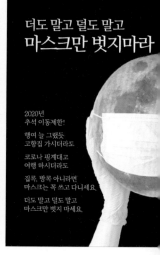

❶ 올 추석도 더도 말고 덜도 말고 마스크만 벗지마라(2021년 추석)
❷ 더도 말고 덜도 말고 마스크만 벗지마라(2020년 추석)

❸ 신축년 소원접수 중! (2021년 정월대보름)
❹ 달님, 소원 다 들어주세요 (2019년 정월대보름)

❺ 달님은 좋겠다! 씻을 손이 없어서
　 (2020년 정월대보름)
❻ 달님도 기억하시나요? (2017년 추석)

저자의 관점에서 반가운 것을 만드세요

사실 별거 아니다.

신간이 나오게 된 것을 알려 주는 차원이며

이미 발간된 책을 한 번 더 노출하고자 만드는 것뿐이다.

[시리즈 광고의 틀]을 만들어 넣고 빼고 하면 되는 것이다.

하지만 저자의 관점에서 생각해 보면 이보다 흐뭇한 광고가 또 있을까.

생면부지였던 저자를 자기편으로 만드는데 약간의 성의가 필요할 뿐,

엄청난 노력이 필요한 것도 아니다.

노력을 이기는 재능은 없고 노력을 외면하는 결과도 없다.

내 일을 즐기면 내일이 즐거울 수밖에 없다.

❶ 신학기 '대학으로 가는 길' 쓰리톱 ❷ 흔들의자 출간도서 가을맞이 베스트 11 ❸ 선수 교체! 신간 원톱!
❹ 해피타임 & 해피송! DJ 투톱! ❺ 2020년 20세 시인 박윤재 원톱! ❻ 9월, 10월 발행 신간 투톱!
❼ 드림팀! 최강 라인업! ❽ 아나운서 5인 냉철한 귀띔 원톱! ❾ 최강 zoom 매뉴얼 '아줌마' 원톱!
❿ SNS 유명 작가 유지나 원톱! ⓫ 다다익선! 시인 12명 원톱! ⓬ 피아니스트 송하영 신작 원톱!
⓭ 세계 경제 전망 원톱! ⓮ 똑소리 난다 '글쓰는 뇌' 원톱! ⓯ 구간이 명간! ⓰ '지나간다2' 스페셜 에디션 원톱!

세월 지나감이 유일한 희망일 때가 있습니다

지치지 마세요. 때가 되면 꿈꾸어 왔던 것이 이루어질 날이 오겠지요.

이룬 거보다 이룰 것이 더 많이 남은 인생입니다.

아무리 어두운 길이라도 나 이전에 누군가는 이 길을 지나갔고

최고의 날들은 아직 살아지지 않았으니까요.

세월 지나감이 '유일한 희망'으로 남았다면 당신은 이미 바닥을 쳤다고 보면 됩니다.

일근천하무난사(一勤天下無難事; 부지런하면 천하에 어려움이 없다)라 했습니다.

수없이 많은 명언 중에 벤저민 프랭클린의 말씀이 동감同感이면 좋겠습니다.

"단지 걸리는 시간 때문에 꿈을 포기하지 마라. 시간이란 어차피 지나가게 되어 있다."

❶ & ❷ 홍보용 리플렛(이벤트 당첨자에게 책과 함께 발송하면 효과적이다_규격: 42cm x 15cm; 3단 접지)
❸❹❺❻ 흔들의자, 네이버 TOP 에디터 1위(2017, 2018, 2019, 2020)

❶❷❸ 페이스북 '친구 신청 2주일 정지' 시리즈 광고(2013)

❹ 어린이날 스페셜 에디션(2019)
❺ 상금 500만원(2019)
❻ 사회적 거리두기 포스터(2020)
❼ 사회적 거리두기 이벤트(2020)
❽ 사회적 거리두기 이벤트(2020)

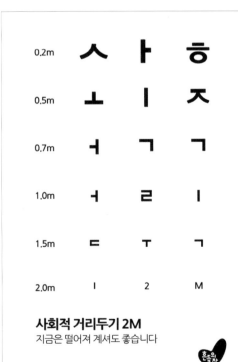

뒷이야기

버렸다가 다시 주워 담은 것

신의한수

아마 그럴 거예요.
신께서 한 수를 찔러주었다면.

10년 전 그날 밤,
이리 뒤척 저리 뒤척 깊은 잠이 들지 못한 건
열대야 때문만은 아니었을 거예요.

7년을 생각한 것,
'분명히 하나가 있을 텐데 도대체 그것이 무엇이란 말인가?'

그 밤도 자는 둥 마는 둥 비몽사몽간에 번뜩 떠오른 그것!
'상희가 책을 쓰면 되네… 아예 출판사를 하면 되는 거였어!!'
그것이 흔들의자의 시작이고 만 10년이 지나고 있네요.

딸내미 대학 보내려고 출판사를 차리고
저자가 없어 책을 쓰기도 하고
'배운 게 도둑질'이라고 광고인 출신이라
책 나올 때마다 광고 만들고
연 매출 500만 원도 채 못 되는 해도 있었지만
1억 원을 넘기며 출판의 가능성도 맛보고….

20110728.
별반 다른 게 없는 평범한 날이었지만
어떻게든 살아내야 하는 어느 남자는 다시 태어난 날!

당신의 10년 전 오늘이 궁금합니다.
당신의 10년 후 오늘을 응원합니다.

좋은 책을 만드는 것은 선행이다
도서출판 흔들의자

2021년 7월 28일. 그날 밤으로부터 만 10년이 되는 날.
페이스북, 네이버 포스트, 카톡으로 '흔들의자의 시작'을 알림.

열 마리 토끼를 한꺼번에 잡는 방법

'장고長考 끝에 악수惡手 둔다.'는 말이 있지만
7년을 생각했다는 건 악수惡手가 아니라 악수樂手일 수 있습
'무슨 일을 하며 살아야 하나!'
10년 외국 생활의 실패, 빈털터리로 돌아온 그땐
'패잔병'이 맞는 표현입니다.

"상희야. 나 한 번만 도와주라. 간밤에 떠오른 생각인데
네가 책을 쓰면 내가 다시 일을 할 수 있을 것 같아.
고등학생이 영어책을 쓰는 거지. 어쩌면 그 책이 너를
대학으로 보내 줄 수도 있고… (블라블라) …"
"하루만 시간을 주세요."
평범한 하루가 아닌 긴 하루가 지나고 나타난
딸내미는 대답 대신 먼저 악수를 청합니다.
"해 볼게요."
예상을 뛰어넘는 상희의 응수! 많은 악수를 해 봤지만
17세 소녀의 여린 손에서 전해진 '무게 있는 악수'는
지금껏 없습니다. '녀석, 이제 다 컸구나.'

그렇게 흔들의자의 첫 책은 '악수'로 시작되고
7년을 얽매인 생각 '그 무엇'의 조건은,
– 적은 돈으로 다시 시작할 수 있는 사업
– 오랫동안 할 수 있는 일
– 혼자서도 할 수 있는 일
– 사람을 만날 수 있는 일
– 꾸준히 돈을 벌 수 있는 일
– 내가 좋아하는 광고도 만들 수 있는 일
– 할 수 있다면 집에서도 가능한 일
– 망하더라도 큰 손해가 없는 일
– 가치 있는 일
이 모든 조건의 교집합이 출판이고 2년 뒤 상희는
수능 시험 없이 '자기소개서'만으로 대학 3곳에 합격합니다.

'코끼리를 냉장고에 넣는 방법'이 있듯
열 마리 토끼를 한꺼번에 잡는 방법은
산과 들을 덮을 수 있는 그물 하나면 됩니다.

출판사 이름 '흔들의자'를 지은
큰딸로부터 받은 크리스마스카드(2011. 12)

'흔들의자' 라는 이름

#1
"얘들아. 출판사 이름 좀 지어 줄래? 무엇이든, 몇 개든 좋아. 부르기 쉬우면 좋겠는데. 한 달 줄게."
출판사 이름을 못 지어서가 아니라 순수한 아이디어를 얻고 싶었고 '가족이 함께한다'라는 마음이었습니다.
"저는 '흔들의자'라 지었어요. 벽난로 있는 집, 흔들의자에 앉아 편안하게 책을 읽는 모습을 떠올렸어요."
몇 개의 후보 이름을 말하던 큰아이 말에 '옳거니, 이거다' 싶었습니다.
부르기 쉽고 한 번 들으면 쉽게 기억될 거 같고, 우리말이라 정감도 있고, 아이들이 지어 준 이름이라 의미도 있으니까!
(도서출판 흔들의자는 영문으로 Rocking Chair Publisher. 약자로 RCP! 메일은 rcpbooks@naver.com /rcpbooks@daum.net을 씁니다)

#2
"아~. 이름 잘 지었네요, 흔들의자. 이름 속에 음양이 다 들어 있어요."
"무슨 말씀이신지, 음양이 들어 있다뇨?"
"자고로 '흔들'은 움직임이 있는 동動이고 '의자'는 네 다리로 고정된 정靜.
움직임과 정지가 함께 있으니 음양이 다 들어있는 좋은 이름이라 할 수 있지요."
우연히 알게 된 분한테서 들은 기분 좋은 이름 풀이다.

'연緣. 사랑은 시처럼 오지 않는다'의 저자, 한의학의 고수인 그분은 이렇게 말씀하셨다.
"흔들의자, 이름 좋은데요. 이름 속에 음양이 다 들어 있네요."
"무슨 말씀이신지? 전에 어느 분도 그렇게 말씀을 하셨는데."
"흔들의자는 시작이고 끝이에요. 한쪽에서 시작해서 다른 한쪽으로 끝나는가 싶더니 다시 시작하고.
그게 끝인가 싶더니 다시 시작이고, 흔들흔들 흔들흔들~."

#3
언제가 될지 모르지만 만들어 보고 싶은 흔들의자 CF가 있습니다.

(BGM & Visual Launching)
잔잔한 배경음악, 에어컨이나 공기청정기 CF에서 봄 직한 통창으로 된 쾌적한 거실 분위기.

흔들의자에 앉아 어린아이가 책을 보고 있다.
어린아이가 청소년으로 교체되고, 곧이어 성년, 주부, 노년까지, 책 읽는 모습이 조용한 분위기로 연출된다.
마지막 모델이 오버랩되어 사라지고, 실물 흔들의자가 '흔들의자 로고'로 바뀌면서 차분한 클로징 나레이션.

(Copy)
좋은 책을 만드는 것은 선행이다. 도서출판 흔들의자

(Closing Sound) 책장 넘기는 소리

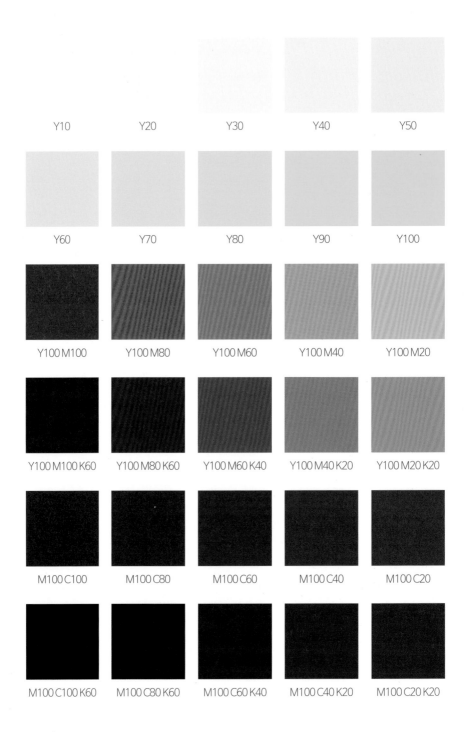

Y10　　Y20　　Y30　　Y40　　Y50

Y60　　Y70　　Y80　　Y90　　Y100

Y100 M100　　Y100 M80　　Y100 M60　　Y100 M40　　Y100 M20

Y100 M100 K60　　Y100 M80 K60　　Y100 M60 K40　　Y100 M40 K20　　Y100 M20 K20

M100 C100　　M100 C80　　M100 C60　　M100 C40　　M100 C20

M100 C100 K60　　M100 C80 K60　　M100 C60 K40　　M100 C40 K20　　M100 C20 K20

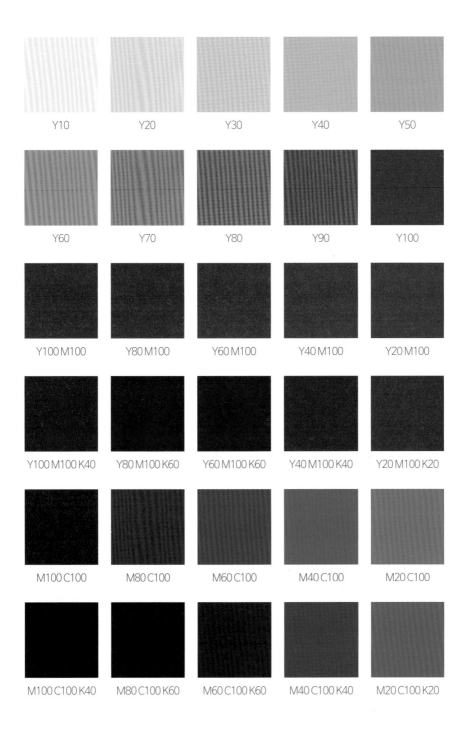

Y10	Y20	Y30	Y40	Y50
Y60	Y70	Y80	Y90	Y100
Y100 M100	Y80 M100	Y60 M100	Y40 M100	Y20 M100
Y100 M100 K40	Y80 M100 K60	Y60 M100 K60	Y40 M100 K40	Y20 M100 K20
M100 C100	M80 C100	M60 C100	M40 C100	M20 C100
M100 C100 K40	M80 C100 K60	M60 C100 K60	M40 C100 K40	M20 C100 K20

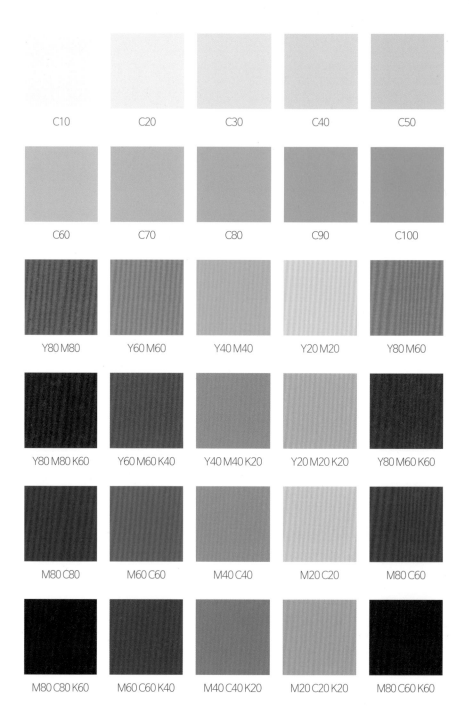

C10	C20	C30	C40	C50
C60	C70	C80	C90	C100
Y80 M80	Y60 M60	Y40 M40	Y20 M20	Y80 M60
Y80 M80 K60	Y60 M60 K40	Y40 M40 K20	Y20 M20 K20	Y80 M60 K60
M80 C80	M60 C60	M40 C40	M20 C20	M80 C60
M80 C80 K60	M60 C60 K40	M40 C40 K20	M20 C20 K20	M80 C60 K60

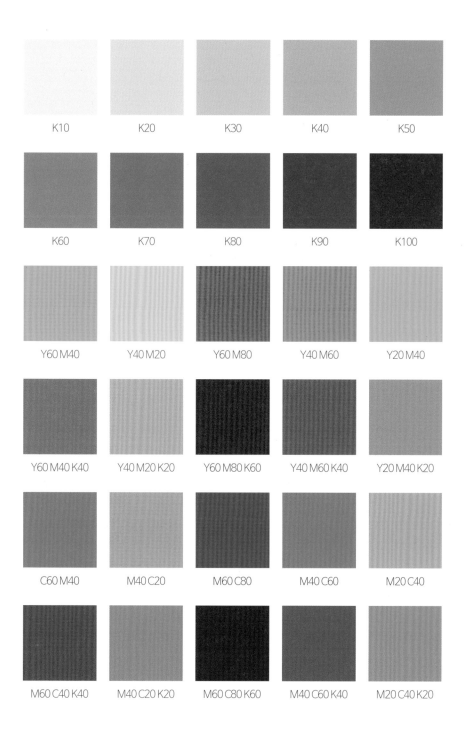

K10 K20 K30 K40 K50

K60 K70 K80 K90 K100

Y60 M40   Y40 M20   Y60 M80   Y40 M60   Y20 M40

Y60 M40 K40   Y40 M20 K20   Y60 M80 K60   Y40 M60 K40   Y20 M40 K20

C60 M40   M40 C20   M60 C80   M40 C60   M20 C40

M60 C40 K40   M40 C20 K20   M60 C80 K60   M40 C60 K40   M20 C40 K20

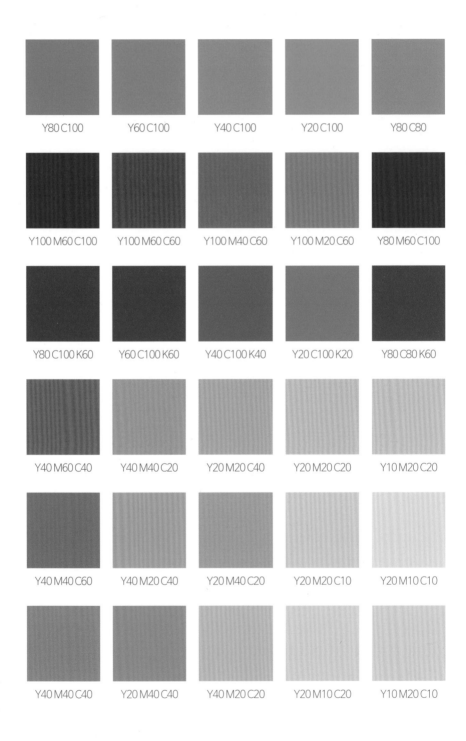

Y80 C100	Y60 C100	Y40 C100	Y20 C100	Y80 C80
Y100 M60 C100	Y100 M60 C60	Y100 M40 C60	Y100 M20 C60	Y80 M60 C100
Y80 C100 K60	Y60 C100 K60	Y40 C100 K40	Y20 C100 K20	Y80 C80 K60
Y40 M60 C40	Y40 M40 C20	Y20 M20 C40	Y20 M20 C20	Y10 M20 C20
Y40 M40 C60	Y40 M20 C40	Y20 M40 C20	Y20 M20 C10	Y20 M10 C10
Y40 M40 C40	Y20 M40 C40	Y40 M20 C20	Y20 M10 C20	Y10 M20 C10

Y60 C40	Y40 C20	Y60 C80	Y40 C60	Y20 C40
Y60 M20 C100	Y80 M40 C80	Y80 M20 C80	Y60 M40 C60	Y20 M20 C40
Y60 C40 K40	Y40 C20 K20	Y60 C80 K60	Y40 C60 K40	Y20 C40 K20
Y60 K60	Y40 K60	Y20 K60	Y40 K40	Y20 K40
M60 K60	M40 K60	M20 K60	M40 K40	M20 K40
C60 K60	C40 K60	C20 K60	C40 K40	C20 K40

| Y100 C100 | Y100 C80 | Y100 C60 | Y100 C40 | Y100 C20 |

| Y100 M60 C100 | Y100 M40 C100 | Y100 M20 C100 | Y100 M60 C80 | Y100 M40 C80 |

| Y100 C100 K60 | Y100 C80 K80 | Y100 C60 K40 | Y100 C40 K20 | Y100 C20 K20 |

| Y100 M100 C80 | Y100 M80 C80 | Y80 M80 C80 | Y60 M80 C80 | Y60 M60 C80 |

| Y100 M80 C100 | Y100 M80 C100 | Y80 M80 C60 | Y80 M60 C80 | Y60 M60 C60 |

| Y80 K100 C100 | Y80 M100 C80 | Y80 M60 C80 | Y60 M80 C60 | Y60 M60 C40 |

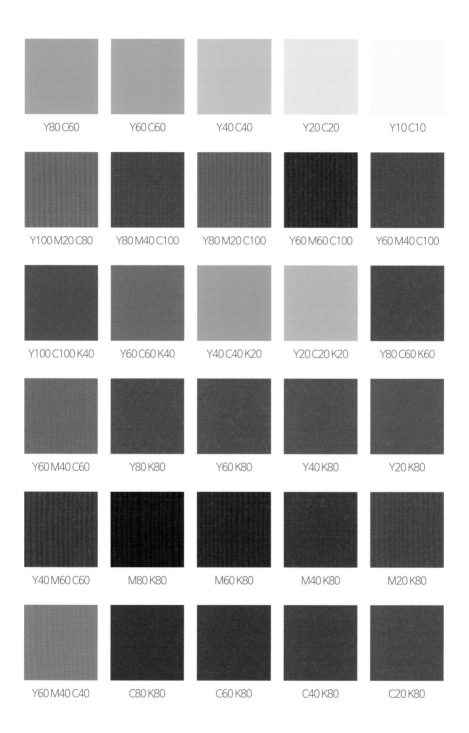

Y80 C60   Y60 C60   Y40 C40   Y20 C20   Y10 C10

Y100 M20 C80   Y80 M40 C100   Y80 M20 C100   Y60 M60 C100   Y60 M40 C100

Y100 C100 K40   Y60 C60 K40   Y40 C40 K20   Y20 C20 K20   Y80 C60 K60

Y60 M40 C60   Y80 K80   Y60 K80   Y40 K80   Y20 K80

Y40 M60 C60   M80 K80   M60 K80   M40 K80   M20 K80

Y60 M40 C40   C80 K80   C60 K80   C40 K80   C20 K80

퍼블리싱 광고 마케팅
다른 출판사는 책 광고를 어떻게 할까?

초판 1쇄 발행 | 2021년 9월 3일

지은이	흔들의자
펴낸이	안호헌
디자인	윌리스

펴낸곳	도서출판 흔들의자	
	출판등록	2011. 10. 14(제311-2011-52호)
	주소	서울 강서구 가로공원로84길 77
	전화	(02)387-2175
	팩스	(02)387-2176
	이메일	rcpbooks@daum.net(원고 투고)
	블로그	http://blog.naver.com/rcpbooks

ISBN 979-11-86787-38-0 03320
ⓒ흔들의자